河出文庫

文学部唯野教授・最終講義

誰にもわかるハイデガー

筒井康隆

河出書房新社

文学部唯野教授・最終講義

誰にもわかるハイデガー

目次

ハイデガーの基本用語

第一講

被投《ひとう》
企投《きとう》
開示《かいじ》
現存在《げんそんざい》（ダーザイン）
平均的日常性《へいきんてきにちじょうせい》
道具的存在者《どうぐてきそんざいしゃ》
配慮的気遣《はいりょてききづか》い
世界内存在《せかいないそんざい》
事物的存在者《じぶつてきそんざいしゃ》

実存《じつぞん》
本来性《ほんらいせい》・非本来性《ひほんらいせい》
共存在《きょうそんざい》（共現存在《きょうげんそんざい》）
顧慮的気遣《こりょてききづか》い
世人《せじん》
情状性《じょうじょうせい》
語《かた》り
頽落《たいらく》

第二講

空談《くうだん》
空文《くうぶん》
好奇心《こうきしん》
曖昧性《あいまいせい》
不安《ふあん》
恐《おそ》れ
驚愕《きょうがく》
戦慄《せんりつ》
仰天《ぎょうてん》
狼狽《ろうばい》
未了《みりょう》
最極限《さいきょくげん》の未了《みりょう》
先駆《せんく》

先駆的了解《せんくてきりょうかい》
証《あか》し
良心《りょうしん》
責《せ》めあり（責《せ》め）
先駆的決意性《せんくてきけついせい》
時間性《じかんせい》
到来《とうらい》
既在《きざい》
現成化《げんじょうか》
瞬視《しゅんし》
時熟《じじゅく》
時間内存在《じかんないそんざい》

文学部唯野教授・最終講義

誰にもわかるハイデガー

文庫版へのまえがき

筒井康隆からのメッセージ

ややあややあ。お久しぶりです。唯野教授の仮面を脱いだ筒井康隆がご挨拶申し上げます。

この「誰にもわかるハイデガー」がこうして文庫になる前の単行本に「文学部唯野教授・最終講義」というサブタイトルをつけたのは、河出書房新社の吉田久恭という昔なじみの編集者で、そうした方が売れるだろうと考えたからに違いないのだが、これをおれが承認したのは、どうせこんな本売れないだろうと思っていたからである。ところが豈図《あにはか》らんやこいつが売れに売れた。これを知って「しまった」と悔しがったのはこの本のそもそもの原典と言える新潮カセットブック販売元の新潮社のわが担当者・楠瀬啓之であったが、もう遅い。そもそも新潮カセットブックはおれが「誰にもわかるハイデガー」という講演をしたその記録なのだ。しかも池袋西武スタジオ200での講演会は新潮社がセッティングしたものである。悔しがるのも当然であったろう。

かくして本書は一九九〇年の講演とカセット発売から三十二年後、本書発行の二〇一八年五月から四年後の二〇二二年、このように文庫化されたのだった。やれやれ。おれも歳をとる筈《はず》だ。

今校正刷りを見て思うことは、まず、大澤真幸氏による解説である。とても解説とは言えないような一篇の著作とも言える思索、知識の開陳であり、吉田君がどんなお願いのしかたをしたのかは知らないが、これを読ませていただくたびに有難さ、申し訳なさでいっぱいになる。大澤氏にはあらためて厚くお礼を申し上げる。

内容としてはまさしくハイデガーの哲学を空談《くうだん》（空文《くうぶん》）でやっているわけだが、これは大澤氏にお褒めいただいた通り、まさに面白おかしくやることによってわかり易くしているのである。しかし、では自分自身はハイデガーの言う通りの先《せん》駆的了解《くてきりようかい》をなし得ているかというと、この歳になってもまだわからない。死ぬことは何度も想像したから、さほど怖くはなくなってきたが、死ぬ時の苦痛はやはりいやだなあと思う。しかし今のところさほどの病気もないし、特に健康に気をつけているわけでもない。だから長生きをしようなどとは思っていないものの、家族やかかりつけ医からは妻子や孫のためにも長生きしろ長生きしろと言われているから普通に長生きしているだけである。ハイデガーも別段、早く死ねと言っているわけではない。

読み返して、この頃のおれ、よくやっていたなあと思う。今ならこんなこと、読書、思索、講演などを含め、とてもやれないであろう。それでは二度とない、脂《あぶら》がのっていた頃の小生をご笑覧あれ。

第一講

1　なぜハイデガーか？

二十世紀最大の哲学書

これからハイデガーの『存在と時間』というものについてお話しします。どうもこういうのは体に悪いですね。終わった後、胸のあたりが重くなって、後はしばらく飯が食えない。やっぱり芝居とか音楽ですと、どこか息抜きできるところがあるんですけれども、ぶっ続けにしゃべり続けているというのは緊張し続けですから、その間、胃袋が活動してないんじゃないかと思います。もちろんやる前はしばらくものが食えません。だからずっと講演ばかり続けていれば痩せるかというと太るんですね、これが（笑）。困ったものです。

ハイデガーというのはご存じのとおり、二十世紀最大の思想家と言われている人です。

そのハイデガーが三十七歳のときに、一九二七年ですけれども、書いたのがこの『存在と時間』です。二十世紀最大の哲学書と言われている難解な本で、これが中央公論社版の「世界の名著シリーズ」のハイデガー篇、これ一冊まるまる『存在と時間』なんですね。二段に分かれてぎっしりと難しいことが書かれているんです。

こういうものを大学で専門に何十年も研究し続けている方がいらっしゃるわけですよ、偉い先生方で。そういう方が今日見えていると非常にやばいんですけども、あまり野暮《やぼ》なことはおっしゃらないで、ひとつ私のレベルで、いっしょにハイデガーを楽しんでいただきたいと思うんです。

皆さんの中には「なんで筒井康隆が哲学なんかを」とお思いの方がいらっしゃるかもしれません。そのことをちょっとお話ししておきますと、じつは私、一昨年（一九八八年）、ちょうど天皇陛下が下血《げけつ》なさったのと時を同じくして下血しまして、向こうはお隠れになりましたけどこっちは隠れる場所はないし（笑）、幸いにして大喪《たいそう》の礼ということにはならなかったんです（笑）。

検査のために兵庫医科大学の付属病院という所に入りました。そこで検査の結果、胃に穴が二つあいているということが発見されたんです。これは理由がわかっていて、穴の一つは「文学部唯野教授」というやっかいなものを書いていて、もう一つは中央公論に「残像に口紅を」なんていう、音《おん》が一つずつ消えていくという小説を書いていて、それで二つ穴があいたということで、勘定は合っているんです（笑）。

一ヶ月間入院しろということで、これはそこの胃腸科の科長さんの好意なんですけれども、作家だから仕事をするだろうということで、個室をあてがわれました。ただ個室のある病棟といいますか、その階は当然ながら重症の患者さんがたくさんおられるわけです。ときどき突然女の人のわっと泣く声が聞こえたりするんです。ご主人が亡くなられたんですね。

つまり日常的に死というものが身近にあるんです。私自身は自分でべつだん死ぬほどの病気ではないとわかっているんですけれども、やっぱりなんとなく死というものを考えてしまう。何か死という現象について知りたいと思い始めたんです。で、やっぱりそれは哲学じゃないかと思いました。

フッサールの現象学とハイデガーの解釈学

以前フッサールというのを、もちろん戦後、大学を出てから読んだことがあります。ハイデガーはそのフッサールのお弟子さんなんですね。フッサールはハイデガーの先生ですから、そのつながりでハイデガーなら理解が早いだろうということがありました。

それからもう一つは、なんとなしに自分の死というものを考える時期でもあったんです。それから、ちょうど書いていました『文学部唯野教授』という小説が、解釈学のところにさしかかっていて、どうせ読まなきゃいけなかった。

解釈学とは何かと言いますと、ハイデガーの哲学のことを「解釈学」と言うんです。フッサールの哲学のことは「現象学」と言っています。解釈学といっても

「唯野教授」に出てくるのは文学理論としての解釈学なんですけれども、どうせ同じことなら、元であるところのハイデガーの『存在と時間』をひとつ読んでやろう、というので読んだんです。

この中公版ではなくてですね、岩波文庫で上中下三巻本で出ていますけど（桑木務訳）、それで読んだんです。それは非常に読みづらかったんです。今テキストにしているのは中央公論社版で、原佑《たすく》さんと渡邊二郎さんが訳していらっしゃいます。これのほうがずっとわかりやすいです。そういうふうにして二つの訳を参照しながら読んだんですね。

死のほうへ投げ込まれる

死というものがまわりにあるから、死ぬことなしに死のほうへ自分が投げ込まれてしまうということがちゃんとハイデガーの中に出てきています。**被投**《ひとう》と言うんです。投げ込まれることを被《こうむ》る。これはべつに死に限らないで、何かものを理解しようとするときにこういうことが起こるんです。わけがわからないとき、そしてそれを理解しようとして、たとえば僕みたいにハイデガーを読み始める。これはつまり了解しようとすることなんですね。

これもハイデガーの中に出てきまして、ハイデガー用語では**企投**《きとう》と言うんです。自ら企てて投げ込むわけですね。それで了解するんです。

本当はこんな簡単なものじゃないんでしょうけども、だいたいそういうことになるんです。

これによって、わからなかったものが逆に向こうからこちらに示される。**開示**《かいじ》と言いますけれども、こういう現象があるということもこれで知ったんです。

2 「現存在」ってどんな存在？

一ヶ月かかって読み終えた

ずっと読んでいきまして、非常に難しいんですね。それでも一ヶ月かかってなんとか読み終えました。そしてこれはあまりにも難しすぎる。もっと易しい言葉で、いくらでも易しくできるんじゃないかというふうに思ったんです。

たとえばこの本の中に出てくるいちばん重要な言葉は、**現存在**《げんそんざい》という言葉です。

これは早く言ってしまえば、人間のことなんです。僕はドイツ語を知りませんので聞いたことなんですけども、**ダーザイン**と言うらしいんです。ドイツ語でダー(da)というのが「ここに」とか「そこに」とか「現に」とかそういう意味らしいんです。ザイン(sein)はたんに「ある」という意味らしいんですね。

ですからハイデガーという人はドイツ語で日常使われている言葉をそのまま哲学の中に持ち込んできて、哲学用語として使っているわけなので、ドイツ人ならもっとこれをすらすら読めるはずだ、もっと易しく解読できるのではないか、と思ったんです。そして今までもそういうふうに講演してきましたし、そういうふうに書いてきました。

ところが一週間くらい前に、柄谷行人《からたにこうじん》という人と私は初めてお目にかかりました。いっしょに新潟で講演したんです。そのとき彼の講演を横で聞いていますと、たまたまハイデガーのことに触れて、何かハイデガーという人は非常に言語感覚が敏感で言葉の魔術師みたいな人で、つまりドイツ語で日常使われている言葉を持ってくるんだけれども、その日常使われている言葉の昔の意味とか隠れた意味とか、あるいはそれとギリシア語をごちゃごちゃにしてと言いましたっけね。とにかく駄洒落《だじゃれ》のようなこともやっているというんです。

これで私が今までしゃべっていたことが嘘ということになりまして、今日も編集者がお見えなんですけれども、『文學界』にも間違えたことを書いてしまいまして、どうもすみません。

ただそれで納得できたことは、ドイツ人が言っているんですけれども、ハイデガーを読むのにはハイデガー用語の辞典がもう一冊いるらしいんです。それを聞いて、なるほどと納得がいったんです。

しかしだからといって、ひとつ易しくやってやろうという意欲には変わりありません。

　私と似たようなことを考える人がいるものでして、これは『存在と時間』を、今日は上巻しか持ってきませんでしたけれども、松尾啓吉《けいきち》さんという方が——この方はもともと詩人の方らしいですけれども——非常に易しくやっていらっしゃるんです。こんなものがあると知らなくて、これを私、知ったのがつい最近なんです。そしてたとえば今のDasein（ダーザイン）にしても、「存在の横にあり」というルビを振っていらっしゃるんですね。そしてたとえば、よく**平均的日常性**《へいきんてきにちじょうせい》という言葉が『存在と時間』の中にはたくさん出てくるんですけれども、これの横に「月並みなる普段」なんてふうなルビを振っているんですね。これは非常にわかりやすいんですけれども、ただそういうふうにちょっと下世話にすぎてですね、かえってわかりにくくなっているところもあるんです。たとえば月並みなんて言葉は、最近の若者で知らない人もいるんです。しかし我々にとっては非常にわかりやすいんですね。ですからこれを理解しようとする場合、二つ置いて読み比べていくとものすごく理解が早いのではないかと私は思います。

ただ言っておきますけど、今日の私の話でハイデガーが理解できたと思われると、これはまた困るんです。本当にとば口ですから、そのおつもりで聞いていただかないといけないと思います。

現存在とは死ぬ存在

元の本はだいたいどういう文章で書いてあるか、興味がおありかもしれませんのでちょっと読んでみます。

「現存在は、他の存在者のあいだで出来《しゅったい》するにすぎない一つの存在者ではない。現存在が存在的に際立っているのは、むしろ、この存在者にはおのれの存在においてこの存在自身へとかかわりゆくということが問題であることによってなのである。だが、そうだとすれば、現存在のこうした存在機構には、現存在がおのれの存在においてこの存在へと態度をとる或る存在関係をもっているということ、このことが属している。しかもこのことは、これはこれで、現存在が、なんらかの仕方で表立っておのれの存在においておのれを了解しているということにほかならない。この存在者に固有なのは、おのれの存在とともに、またおのれの存在をつうじて、この存在がおのれ自身に開示されているということである。存在了解内容はそれ自身現存在の一つの存在規定性なのである。現存在が存在的に際立っているということは、現存在が存在論的に存在しているということによる」。

おわかりになったと思いますけど（笑）。これはあまり大したことは言ってないんですね。ここのところは、現存在というのが人間のことだということはさっき申しました。

では現存在とはどういう存在かというと、死ぬ存在ですね。必ず死ぬわけです、人間は。自分が死ぬ存在であるということを引き受けて、自分でよくわかっていて、それでなお生き続けているという、そういうことを言っているわけなんですね。

「存在と時間」の主役はどういう人なのか？

そこで現存在というのは、言ってみれば「存在と時間」の主役のわけです。まずこの主役というのがどういう人かがわからなければいけません。

そのご説明をしますけれども、現存在、これは任意に引っ張り出してきた人なんですけれども、これはべつにごく日常的に、平均的に、さしあたっては生きている人です。だからハイデガーみたいにものすごく知性的で理性的な人でもないんです。ああいう神様のような人でもない。またその逆に、差別用語が使えないので困りますけれども、そういう人でもないわけですね（笑）。

ただハイデガーみたいな理性的な人でも、ときには理性を失うこともある。いかに知性のない行動をとる人であっても、ときには理性的になることもある。そういう意味での平均性なんですね。

この平均的日常性というのは、現存在がさしあたって生きている、この主人公がさしあたって生きている生き方のことなんです。平均的日常的に生きている。そしてたいていの人はこの生き方をしているんです。

ハイデガーは、現存在というのは自分を気遣《きづか》う存在だと言っています。人間は自分を気遣うんです。何よりも自分を気遣う。それはなぜかというと、つまり死ぬからです。自分が死ぬと知っているから自分をいちばん気遣うんです。

現存在は自分を気遣い、次に道具を気遣う

そしてその次に、自分の身の回りにある道具があります。その道具を気遣うわけです。このへんからちょっとおもしろくなくなってくるんですね。

今までの講演の経験で言いますと、だいたいこのへんから、前のほうで居眠りされる方が五、六人おられます。ただ後半になってきますと、もう寝ていらっしゃる方はほとんどありません。後半はものすごくおもしろくなるんです。ここのところで我慢して聞いていただかないと後に進めないので、ちょっと我慢してください。

現存在は自分を気遣うんだけど、その次に道具を気遣うんです。自分の身の回りにある道具ですね。これは、ハイデガーはただたんに道具と言わないで、**道具《どうぐ》**

的存在者《てきそんざいしゃ》と言っています。わざとこういう言い方をしているのには、意味があるんです。

ハイデガーの道具的存在者とはどういうものかと言いますと、皆さんご存じのいろんな道具ですね。筆記用具もありますし、絵を描く道具もありますし、この机も道具です。それからたとえば椅子も、この会場のような建物もそうです。停車場とか電車、汽車は皆そうです。それから大きなところでは都市なんていう、そういうものも全部道具としてハイデガーは扱っています。

なぜそういうものを気遣うか。その気遣いを通して自分を気遣っているんです。たとえば家が古くなってきて壊れそうなときに、それを修繕するというのは気遣いですね。倒れると自分の身が危ないからです。同じように、自動車を車検に出すのもそうですし、いろんなことですべて自分の身を気遣っているんです。これを**配慮的《はいりょてき》気遣《づか》い**というふうに言っています。気遣いの形にはいろいろあるわけで、たとえばこの机がガタガタでだめだからもう捨ててしまおうというのも気遣いなんですね。すべて配慮して気遣うということで、道具的存在者に対しての配慮的気遣いと言っています。

そして配慮的気遣いということの内容を申し上げる前に、皆さんが不思議に思われるかもしれないことがあります。道具というものの前に自然があるのではないかという疑問です。この机なんて、表面に建材を貼ってはありますけど、もともとは木材ではないのかということになりますね。紙だってすべて木材ではないか。道具的存在の前に自然というものがあるんじゃないか。そういうふうな疑問が当然起こってくるんですけども、これはハイデガーによって最初からそういった疑問を封じられているんですね。

つまりすべて現存在を中心にして考えている存在問題のわけですから、そういった自然科学的な知識というのはいっさい取っ払ってしまわなければいけない。

つまりそういった自然科学的な考え方以前に哲学があるんだという、哲学の優位ということですね。だから現存在、つまり人間というのは、生まれてすぐに自然を自然のものとして見るわけではない。すべて道具として見るのだと言うんです。たとえば赤ん坊がいちばん先に見るのはお母さんのおっぱいですけれども、この赤ん坊という現存在にとってお母さんのおっぱいは道具なんですね。そして自然のものがあったり、いろんな他の用途に使う道具があったりしても、それはすべて幼児にとっては玩具《がんぐ》という道具なんですね、やっぱり。

現存在は最初から道具を了解している

そういうふうに、道具というのは現存在が最初から了解していることなんだ、たとえ道具の機能や構造を知らなくても、それは関係ないんだと言うんです。

たとえば我々が電車に乗るときに、電車の構造とか機能とか全部知っていて電車に乗るわけじゃないんですね。電車というのは乗るものであるという了解が前もってあるからだと言うんです。

だからこの道具的存在者というものは、これは現存在にとっては、人間にとっては、認識されて存在するんじゃないということなんですね。そういうふうにして道具というのが現存在のまわりにあります。そしてその現存在はこの道具を配慮的に気遣いながら道具と交渉しているわけです。人間と道具とが交渉している、人間のまわりを道具が取り囲んでいる、その場が世界だと言うんです。

ですから現存在、人間のことを、**世界内存在**《せかいないそんざい》というふうにもハイデガーは言っています。そしてさっき申しました自然のもの、事物、これはいろいろな事物があります。自然の木や草も皆そうですし、それから動物たち、あるいは雨であるとか地球や太陽もそれに入るわけです。これを全部、**事物的存在者**《じぶつてきそんざいしゃ》と呼んでいます。

ただ、この事物的存在者と道具的存在者とは、厳密に分けられないんです。我々がその道具的存在者と交渉しているなかで、この事物的存在者があらわれてきたりするんです。

つまり道具的存在者の背後にあるものといいますか、もともとこういうものは自然のものですから。たとえば自動車にしても、我々がぼんやりと眺めて「ああ、自動車というのはガラスと鉄板とゴムとビニールと何やかやでできているんだなあ」と漫然と見ている場合には、それは事物的存在者なんですね。乗って動かして初めて道具的存在になるんです。

そういうふうにこの道具の背後には自然の事物というものがありますし、それから逆に、事物的存在者、たとえば金槌《かなづち》がないときにそのへんの石ころを持ってきて、これで釘《くぎ》を打った場合は石ころが道具的存在者になるんです。その逆も言えるんですね。ハンマーが壊れてしまって鉄の塊と木切れになった場合は、これは道具もたんなる事物になってしまうということです。

道具のいろんな性格

道具にはいろんな性格があるわけです。道具というのは我々の身の回りにあるわけですが、それがあるときには目立ってきたり、あるいは目立たなくなったりします。目立たなくなるというのは不思議なことに、我々の身の近くにあるものほど目立たないんですね。いちばん身近にあるものとしては眼鏡があります。しかし眼鏡をかけている人は眼鏡を見ているのではなく、眼鏡を通してその向こうにあるものを見ています。このとき眼鏡をかけている人は眼鏡のことを忘れています。これを「遠ざかり」と言います。

たとえば私にとっていちばん身近にあるものといえば、原稿を書くための万年筆です。私はだけどもその万年筆に対して配慮的に気遣っているのではなくて、私がいちばん気遣っているのはその万年筆を使って書いている原稿の内容ですね。そのときには万年筆は全然目立っていないんです、遠ざかっています、私にとって。万年筆が目立つのはそれが壊れていた場合ですね。これは役に立たないわけなんだけれども、壊れているということで、それがないと非常に不便だということで逆に目立ってくるんです。そしてそのときに、壊れているものはさっきのハンマーみたいに木切れと鉄の塊になって、その自然の存在、事物的存在であるという性格を明らかにするんです。たとえば家から外に出ようとするときに鍵を忘れたとします。そうすると家に入ろうとするときドアというものが立ちはだかってくるんだけども、そのときにもうそれはドアではないんです。巨大な木材として、その場合は押しつけがましさと言いますけれども、そういった押しつけがましさという点で、自然の存在、事物的存在者だということをあからさまにしてきます。

なぜ現存在には「者」をつけないのか

そういうふうに道具、事物のいろんな性格をご説明したんですけれども、ここで皆さん、ひとつおかしく思われるだろうと思います。道具とか自然の事物とかに対して、道具的存在者、それから事物的存在者、いかにも人間みたいにこの「者」という字をつけておいて、なぜ人間である現存在に対しては「者」という字をつけないんだと。なぜ現存在者とは言わないのだという疑問をお持ちになると思います。

さっき現存在というのは人間のことだと思ってくれと言いましたけれども、実際そう思ってくださっていいんです。人間のこと、自分のことだと思ってくださってもいいんですけども、厳密にはそうじゃないんですね。

現存在というのはさっきも言いましたように、死ぬということですね。死ぬという自分の存在を引き受けて存在しているという、その実存という形での存在のしかたなんです。人間ではなくて、人間の存在のしかたという意味で現存在と言っていて、だから「者」というのをつけないんですね。

さっきから死ぬことばかり言っていますけれども、皆さん方のなかには「俺は二十歳になったばかりだ。まだまだ死ぬにはほど遠いんだ」というふうに思っていらして、死ぬ話なんて聞きたくもないと思っておられる方もいらっしゃるかもしれません。しかしそうじゃなくて、死というのは、いつやってくるかわからないから死なんですね。

我々はだいたい普通、たとえば男性の平均寿命は七十何歳で、女性が八十何歳、だからだいたい自分もそれくらいまでは生きるだろうと、皆さんそういうふうに思っていらっしゃると思います。ところが死というのはそうじゃないんですね。八十何歳のお婆さんがさらに数十年生きるかもしれない。二十歳になったばかりの若い人が明日死ぬかもしれない。あるいはまた、ここで私や聞いていらっしゃる皆さんがいっせいに死ぬということもありうるんです。いつやってくるかわからないから死なんですね。

いつやってくるかわからない死を了解しようとして、人間は苦しんでいるんです。ですから、そういった死ぬという自分の存在を自分で引き受けて生きていく、その実存という存在のしかたですね。それが現存在です。

3　実存とは人間の可能性のこと

サルトルか、メルロ＝ポンティか

ここで**実存**《じつぞん》という言葉が出てきました。この言葉はご存じでしょうし、それから実存か、実存主義か、サルトルか、メルロ＝ポンティかと、あるいはその程度はご存じかと思いますけれども、実存という言葉の意味をご存じない方はこの機会に知っていただきたいと思います。実存というのは人間の可能性のことです。

人間というのは常日頃、常に新しい自分の可能性というものを見つけて生き続けている存在なんですね。自分の可能性、つまりその時その時の可能性を見つけようとしている存在です。人間というのは一瞬たりとも同じではないわけで、どんどん変わっていっていますから、その一瞬ごとの、その時その時の可能性ですね、それを追求していく、そういう存在です。

実存というと当然、実存主義という言葉が出てくるんですけども、実存主義についてちょっとご説明しておきますと、実存主義というのはサルトルというふうに思われるでしょう。フランスで実存主義運動というのが起こったんですけども、そもそもサルトルの場合は最初、ハイデガーから哲学に入ったわけじゃなくて、その前のフッサールから入っているんですね。現象学から入っているんです。

三分でわかるフッサール

このフッサールという人はハイデガーの先生ですから、ちょっとフッサールのやったことを三分でやってしまいます。

ここにコップがあります。このコップというものについて我々は、これについてのいろいろな雑念があります。これは何百円くらいしそうなコップであるとか、あるいは思い出のあるコップであって三年前に誰それさんがくれたコップであるとか、このデザインがどうのこうのとか、そういった付属するいろんなことがあります。そういったものを全部取っ払ってしまえとフッサールは言います。全部取っ払って、コップの本質を見つけろと。コップに限りません。何でもそうなんですね。そういったものをどんどん取っ払ってしまうんですが、それを捨ててしまえと言うんではないんですね。カッコの中に入れて、いちおう横に置いておけと言うんです。判断を中止しろと言うんです。判断を中止して本質を見ろと。

しかしそんなことをしなくても、これが何であるかはわかりきっているじゃないかと言う人もいるわけですね。しかしそのわかりきっているというのが問題だと。それを原信憑《げんしんぴょう》と言うんですね。この原信憑というのが問題で、これをなくするために、判断を全部中止してしまえ。そして、すべてのものに対して、そういうふうに本質というものを見きわめろ。そして、その中からあらわれた本質、それはイデアだと言うんです。形相《けいそう》という字を書きます。形相はエイドスとも言うらしいですけどね。そしてすべてのものの本質を見きわめて、そのときに出てくるのが純粋意識であると。先験的主観性《せんけんてきしゆかんせい》と言っていますけれども、そういうものであると言っているんです。

これを読んだときは私、非常にびっくりしました。ちょうど読んだのは終戦後十年くらいしか時間がたっていなくて、若い人もそうなんですけども、みんな何を信じていいかわからない時代だったんです。ですから何でもいいから何か信じられるものがほしいと思っていたんです。ちょうどあの時期の直後にはいろんな作家が出てきましたけども、私と同年代の人は皆フッサールを読んでいるんですね。小松左京さんなんていうのは、フッサールの現象学を全部、大学ノートに書き写したと言っていました。

サルトルがその現象学を知ったのは第一次世界大戦直後で、我々よりだいぶ早いわけなんですけれども、おそらくパリかどこかのカフェテラスだと思いますが、あるフランス人の現象学者から「あなたが哲学をしようと思えば、ここにあるカクテル一杯からでも哲学ができるんだよ」と言われて、ええと、もしかしたら「コップ」だったかもしれませんが、そのときのサルトルの興奮といいますか、感激にはじつにすごいものがあったというふうに、それはそのときたまたま横にいたボーヴォワール——サルトルの生涯の恋人ですけれども——彼女が見ていてそういうふうに報告しているんです。

そのサルトルも、つまり第一次世界大戦後の若い人たちの一人であったんだろうと思います。彼らも何か基盤になる思想がほしかったんですね。何もない状態から何か一つもとになる思想がほしかった。それで皆、これに飛びついてきたんです。

そしてその後、ハイデガーが出てきて実存主義が流行って、フランスで実存主義が大流行します。哲学に関係ない女性までもが実存主義スタイルなんて言って、髪の毛を長く伸ばして、黒のトックリのセーターに、脚より細いような黒のスラックスをはいて闊歩《かっぽ》する、それが実存主義スタイルだというような、そんなことがあったんです。それはともかくとしまして、我々が思うのには、たしかにフッサールは素晴らしい、すべて余計なものを取り払ってカッコの中に入れてしまえということは素晴らしいんだけれども、じゃあそれはどこまでカッコの中に入れたらいいのか、ということなんです。これがガラスでできているということまでカッコの中に入れるのかどうか。水を入れる道具だということまでカッコの中に入れるのかどうか。そのへんがよくわからないんですね。だけどもフッサールに言わせれば、それはじっと見ていれば本質が見えてくるというので、このへんは宗教に近くなってくるんですけども、ただ我々がいちばん受けた影響というのは、夾雑物《きょうざつぶつ》をカッコに入れて本質を見つめるということであったと思います。

実存とは？

実存というのは自分の可能性を見つめて生きる存在のしかたです。可能的存在のことです。つまり自分から常に抜け出て、また新たに自分である。現存在というのは、一人の人について一つの個性しかありませんから、固有の自分であることと、それを見つけていくということですね。つまり自分の可能性というのは未来にあるわけなので、それに向かって努力していくということでもあるんです。

しかしまた、たとえばたんに空想する。産婦人科の医者になったらおもしろいだろうなとか、あるいは一流のジャズピアニストになったらすごいだろうなとか、そういうふうにただ空想しているだけであった場合は、これは自分のものではない可能性をたんに夢見たり空想したりしているにすぎないわけですから、自分の可能性を選び取っていると本当は言えないんだけれども、しかし自分をつかみ損なっているという意味でやっぱり自分自身には関わっているんですね。

ですから結局実存という存在は瞬間瞬間に変わっていきますけれども、そのつどそのつど自分のものであるという、そういう存在のことです。ちょっとわかりにくいかもしれませんが、だいたいそのように理解しておいていただけたらと思います。

平均的日常性というあり方

そうした人間のあり方というのが、世界の中に存在している。世界内存在としての人間のあり方。世界の中にいる人間のあり方として、二つのあり方があります。まず、平均的日常性というあり方がですね、ハイデガーに言わせますと、これは非本来的だというんですね。だから当然、もう一方に本来的な生き方というのがあるわけです。

本来性《ほんらいせい》、**非**《ひ》**本来性**《ほんらいせい》、どっちが良いとか正しいとかそういう道徳的なことは、この際関係ありません。そういったことではなくて、非本来性というのは我々の普段の生き方ですから、それが我々の根源的な、いちばん積極的なあり方だと言っています。ですからその本来性、非本来性のご説明をします。

本来性というのは死を見つめる、自分が生きているのに、いずれ死ななければならないのに生きているという苦しみ。その苦しみとか悲しさとかそういうものを生きていく上で、どれほどその生き方が苦悩や悲哀に満ちていてもそれを引き受けていくという生き方なんです。

非本来性というのはどういうものかと言いますと、できるだけ死から目をそむけるようにする生き方です。自分はまだまだ死なないとか、自分だけは死なないとか、あるいはそれを忘れるために気晴らしをするとかですね、そしていろんな人と付き合って、世の中の人と調子を合わせて面白おかしくやっていくというのが非本来的な生き方ですね。そして我を忘れて仕事に夢中になるというのも、非本来的な生き方になってきます。

共現存在を気遣うことによって自分を気遣う

ところで我々が、現存在が、世界の中で存在しているのは、道具とか自然のものとかに取り囲まれて生きているんだけれども、現存在というのはもちろん一人じゃないんですね。たくさんいるわけです。自分以外の人、これもやっぱり皆、現存在です。そういう人のことを**共存在**《きょうそんざい》とか**共現存在**《きょうげんそんざい》とか言っています。そういう人に対して現存在はどうするか。

現存在が道具的存在者に対して配慮的気遣いをしたように、現存在は、主人公は、共現存在に対してやっぱり気を遣うんですけれども、気を遣うといってもこれは**顧慮的気遣い**《こりょてききづか》と言うんですね。自分を顧みての顧慮的気遣いですね。これは共現存在を気遣うことによってやっぱり自分を気遣っているということです。ですからこれにはいろんな気遣い方があると思います。あの人が結婚したから結婚祝いをあげようとか、道ばたで病気で倒れているから病院に連れていこうとかですね。あるいはキスしてやろうとかセックスしてやろうとか、すべて気遣いです。ぶん殴ってやろうというのも顧慮的気遣いです。

だけど普通、我々が多くの共現存在に対してとる態度というのはですね、だいたい道路に出れば共現存在がその辺をいっぱい歩いているわけですけれども、だいたい皆、無視したり知らん顔して通り過ぎたりするわけですね。これも顧慮的気遣いです。結局、目と目が合ってぶん殴られるとつまらんという、我が身を気遣っての顧慮的気遣いであるわけなんですけれども。この共現存在、つまり他の人ですね、他の人と現存在つまり自分との付き合い方ですが、我々は他の人と、いちばん非本来的な付き合い方をしているんです。

死を忘れさせてくれる存在

その付き合い方というのがどういうものかと言いますと、つまり共現存在の中でも、我々が意識する存在と言いますかね。つまり共現存在の非本来的な人たちを、**世人**《せじん》と言うんですけどね。これは普通、世の中の人という意味なんだけれども、共現存在とはちょっと意味が違うんですね。

たとえば、我々は家に帰れば家族がいます。この人たちは皆、世人です。それから会社に同僚がいます。それからたとえば今日ここに集まっている方ですね、べつに面識はなくても同じ目的で集まっているわけですから、私も含めてやっぱり世人です。それからスポーツの同好の人ですとか、たとえば相手がこちらを知らなくても、テレビに出てる人なんていうのはそうですね。つまり、自分をある意味で拘束《こうそく》している人と言えばいいかもしれません。

我々は普通こういった世人とですね、こういった人たちとだいたいグループを組んだり、その人のファンクラブに入っていたりします。そういった人たちの考え方、ものの見方、それから趣味ですね、習慣とかあるいはしゃべり方とか、そういったことを同じようにしていきます。「長いものには巻かれろ」式にやっていくわけです。現存在、つまり我々をそういうふうにさせるのが世人なんですね。

そのような世人というのは例外を許さないんですね。個性があって他の人とちょっと違ったり、あるいは独創的であったりする、そういった存在を許さないんですね。そういう世人というのがどういうかというと、「私たちと同じような考え方をしなさい。私たちと同じような服装をして楽しくやりましょう。そうしたら、あなたは死ぬ存在だということを忘れることができますよ。そんなことは考えなくていいんです」と。つまり存在の責任ですね。本当は自分でもって自分は存在しているという責任を自分で負って生きていかなければならないんだけど、その責任を免れさせてくれる。そういったいろんな判断も全部免除してくれるんです。そういう存在です。やっぱりいちばん大きいのは、死を忘れさせてくれる、安らかな気分にさせてくれるということだろうと思います。しかしそれは非本来的なあり方なんですね。

情状性とは気分のこと

そういうときに人間にはもともと**情状性**《じょうじょうせい》というものがあります。情状性なんて言うと難しいんですけど、気分と言えばいいと思います。たんなる気分ですね。我々は常に気分によって動かされているわけですけど、この気分というのでもって、さっき申し上げました被投ということをするわけです。

私が病院の中で死のほうへ投げ込まれた。そういう被投という気分があったわけです。そうしたときに自分が死を引き受けて存在していかなければならないという、これはものすごい重さなんですけど、そういう重さに直面してしまうわけですね。これを何とかして了解しようとする。了解するために今度は企投するわけです。自分をそこへ投げ込む。ですから了解ということは、自分の可能性というものがある、可能性があるけれども、今はまだそこまで至っていない。そこで今の自分を超えるために、絶え間なしに自分の可能性を自分に向かって投げかける。それが了解ということになってきます。

語りと沈黙

さらに自分の了解したことを解釈しようとするわけですね。解釈しようとして、まだ言葉にならない、つまり言葉になる前ですね。了解して、それを言葉にする前。それが了解した場面です。言葉以前のことなんですけども、それを**語《かた》り**というんです。了解したことを相手に語りかけようとするための、その言葉にする前の問題なんです。そして言葉にします。自分で了解したことを、今度は解釈して言葉にする。するとそれを相手が聞くわけですね。聞くというのもまた了解するという働きなんです。

そしてそこでいちばん重要なのは沈黙だなんて言っています。本来はこの語りというのは言葉にならない前のことなんだから、言葉にできるはずはないし、聞くこともできるはずがないから、この沈黙というのがいちばん重いのであると言っているんです。この沈黙というのはつまり、言葉以前のものを了解する働きであろうと思います。そしてここで世界に向き合って、世界に語りかける。そうすると世界が今度は、開き示してくれるわけです。

　これらはみな本来的なことなんだけど、それが非本来的になってくるとどういうことになってくるかと言いますと、**頽落**《たいらく》という現象があります。これは非常に有名な、ハイデガーのつくった言葉なんだろうと思いますけれども。この頽落というのは、こういう、すごい字を書くんですね。これは非本来的なあり方なのですが、しかしながらべつに悪い意味ではない。これがもともとの我々の状態なのだから、平均的、日常的に落ち込んでいる状態なんだから、べつに悪いことではないので、道徳的、倫理的に判断してはいかんと、それがいちばん我々の日常的、平均的なあり方なんだから、とハイデガーは言ってますけれども、柄谷行人に聞いてみるとやっぱり悪いことだそうですね。

　ドイツ語で言うと、やっぱり堕落《だらく》という意味らしいです。堕《お》ちるという意味ですね。しかしながらいちおうハイデガーはそうではないと、これは我々の根源的な、いちばん積極的な様態なのであるというふうに言っております。

さて、この次からがおもしろくなってくるんですけども、私は本当はこれ、ぶっ続けにやりたいんです。ただ主催者がどうしてもここで十分間の休憩を、何かの都合があって休憩をとってくれと。私は十分間休んでここに出てきたらもうどなたもおられないのではないかという恐怖があるので（笑）、本当は休みたくないんですが、そういうことですので、十分間休憩をいたします。

第二講

4　死を忘れるための空談（おしゃべり）

世人とのなかで我々が陥る状態

汗びっしょりになってしまいまして、ですからトイレに行く必要がありませんでした、と、いったようなどうでもいいおしゃべりを**空談**《くうだん》と言います。これは非本来的なことです。要するに、世人との付き合いのなかでの空談というものがあります。これは頽落した一つの形です。

今、頽落と言いましたが、これは世人との間で我々がこういう状態に陥るわけなんですけれども、そこで陥る状態というのが、今言いました空談ですね。空談、これはおしゃべりとか何とかそういった意味ですけれども、この空談というのが何かと言いますと、さっき言いましたように、本来の語りというのは、我々が世界に語りかけると世界が応えてくれる、それが本来的な語りだったわけですけど、この空談は非本来的な語りなんですね。それはつまり、詩人とか文学者とかそういった人たちのつくり出す創造的な言葉ではないんですね。もう最初のひとことでだいたいわかってしまう自動的なおしゃべり、つまり世間に流通している普通の既成の解釈のパターンで何でもしゃべってしまうしゃべり方ですね。相手もわかっているだろうという、相手の非解釈性というんですけど、それに委ねてそれを利用しているというしゃべり方なんです。

さっき言った語りというのは伝達する機能があるんです。根源的なことを伝達しようとするんですね。本当の伝達というのは、了解するためには相手も話をしている人の言うことをオリジナルに聞いているんです。オリジナルに聞いていて、そして話している人と同じように了解するということがあるんだけれども、この空談にはそれがまったくないんですね。そういった、関係というものを離れて一人立ちしてしまう。

もともとオリジナルの言葉というものがあったんだけれども、それが語り継がれているうちにだんだんだんだん希薄になっていく。希薄化していくわけですね。そしてどんどんどんどん語り広められる。そしてその語り口、しゃべり方が真似されて、どんどん広がっていく。マスコミなんかの発達が結局それを促進しているんですね。それが空談。あるいは文章で書かれた場合は**空文**《くうぶん》と言います。ですからつまらないエッセイの類いなんでしょう。私も書きますけれども、そういったものですね。

要するにそれは、了解を皆すでにしているんです。平均的な了解の場で了解はしているんです。結局いろんな世人が集まっているこういった場ですね。パーティーとかそういった所でもって空談というのが活潑化《かっぱつか》します。ですからそのときには、いちいち相手の言うことを了解するということすらいらないんですね。そういう必要もないんですね。だいたい何か言いかけたら、最後まで聞かなくとも何を言うかわかっている。そういう話なんですね。ですから逆に言えば、誰も傷つくことがないんです。週刊誌のゴシップ記事であるとか、臨場感あふれるテレビ報道とかそういったものですね。ですからすべては世間という了解の既成のパターンの中で了解可能であって、我々は日常そういう空談の中へどっぷり浸り込んでいるわけです。

そういうものが空談なんだけれども、その空談、おしゃべりの背後ではですね、そのうしろでは地盤が喪失しているわけですから、むしろ不安感があるんです。

ですから、取り憑《つ》かれたようにしゃべり続ける人がいます。それはもう不安だからやっているわけで、しゃべり終わるとまた不安になってしまう。だからまたしゃべり続けるということなんです。そういう不気味さがあります。ただそれは普段我々自身がやっているわけなので、テレビなんかで朝から晩までしゃべりまくっている人がいるんだけども、あれはつまり自分が死ぬということを忘れようとしてしゃべっているんでしょうけれども、我々はそれを笑えないんですね。

好奇心は気遣いから離れる

それからもう一つ、**好奇心**《こうきしん》というのがあります。我々は普通、さっき言いました道具との関連で、いろんな道具に対して気遣いをするんだけども、この好奇心というのは気遣いから離れてしまっているんです。美味《おい》しいものを皆といっしょに食べ歩いたり、あるいはファッションを見たりするため海外旅行へ行く。つまり珍しいものを見ようとするんですね。ですから、本来道具を使って仕事をするといった拘束から解放されたりする、ゴールデンウィークみたいな時が多いんですけども、そういった道具への関心が身近な道具から離れて、好奇心のおもむくままにまったく無縁の世界を漂うんですね。了解の必要がないんです。

ただ外見において眺めているだけで、「ああ、おもしろい、おもしろい」「ああ、美味しかった」というふうに眺めているだけで、そういうようにして自分を回避しているんです。自分から逃げているんですね。ですから好奇心と空談というのはだいたいいっしょで、手と手を取り合って、噂が興味をそそり、また興味が噂をそそるという調子で、どこそこに何かがあると聞くとそれを見に行く、あるいは食べに行くといった具合になるんですけども。

我々は非本来的な生き方をしているとは思ってない

この場合、そういったことをしている人たちは、何も自分が非本来的な生き方をしているとは思ってないんです。むしろ自分は非常に有意義な生活をしている、知識を蓄えていると思っている。だから生き生きしていてですね、本人は生きがいを感じているんですよ。実際テレビに出ていろんな知識を披露《ひろう》したりしていますね。するとこの人は本来的にやっているのかどうか、あるいは非本来的な空談をやっているのかどうかということがわからなくなってくる。その区別がなくなってきます。それを**曖昧性**《あいまいせい》と言うんです。

卑近な例で言えば、私がこうやってしゃべっていること。これは本来的なのか非本来的なのか。ハイデガーのやった本来的な語りを、要するに希釈化《きしゃくか》して、薄めて、面白おかしくやっているわけだから、非本来的な空談をやっているだけではないのかという疑問が出てくる。

しかしそうなってくるとですよ、今度はハイデガーがこの『存在と時間』をフライブルク大学ですか、マールブルク大学とかそういった所で講義をした彼の講義録があって、まだ翻訳されてないんですけれども、非常におもしろいらしいですね。この『存在と時間』を読むよりもその講義録を読んだほうがおもしろいと言われています。じゃあ、それは非本来的な空談ではないのかということも言えるわけで、曖昧性というのがどこまでもついてまわるんです。それが頽落ですね。頽落していることによって我々は要するに安らぎを得ているんです。

不安が人間を本来的な場所へ戻す

じゃあ、もう我々は安らぎを得ているだけで本来的なところへ戻ることが絶対にないのかということがあります。そこで、それはある、そういうきっかけはあるんだ、とハイデガーは言います。それは不安《ふあん》という現象です。この不安ということについて、またフッサールとハイデガーの関係についてお話ししておこうと思います。

フッサールというのはフライブルク大学で現象学の講義をしたんです。その講義というのがもう、最初はフッサールが現象学の講義をするというので学生がいっぱい集まったんです。ところが来る授業、来る授業、私がさっき言ったような現象学についてですね、手を替え品を替え言葉を替え、延々とやったわけですね。同じ内容をずっと繰り返したわけです。学生はもうあきれ返って、だんだん数が一人減り二人減り、しまいには教室の真ん中に空虚な穴が開いたなんて言われていますけれども。しかし本当の学問はそうでなきゃいけないとも思います。こういうふうに面白おかしくやっちゃいけないんですね、本当はね。

そこへハイデガーが入学してきたわけです。彼は、最初は神学部にいたらしいですね。二十歳のときに神学部に入って、二年ほどやってから哲学のほうに入って生徒になります。もちろん授業を全部聞いて。三十歳くらいからはフッサールのいわば一番弟子になりますね。ものすごく可愛がられて、フッサールが原稿を書いたときには印刷所に渡す前に見せてもらったりしているんですね。それほど可愛がられていたんです。ところがハイデガーが卒業して、そして博士論文も通って、教授になる論文も通ったんです。そして、ドイツでは教授になるためには試験講義というのをやるそうですね。いったん生徒を集めて講義をして、その講義のやり方で教授にするかどうかが決まるということです。それほど厳しいわけですね。日本の大学の先生方も一度そういうことをやったほうがいいんじゃないかと思います。何を言ってるかわからない人がたくさんいますから。

結局もちろんそれも通って教授になったんですけれども、フライブルク大学からマールブルク大学の教授になっちゃうわけですね。フッサールのもとを離れちゃうわけです。するとフッサールは一番弟子がいなくて寂しくて寂しくてしかたがない。なんとか呼び返したいんだけれども、その機会がない。そういうときに、『エンサイクロペディア・ブリタニカ』から「現象学」という項目をフッサールに書いてくれという依頼が来ました。つまり現象学の本家本元に書かせるわけです。だからロッキード事件に関する記事を田中角栄が書くみたいなことですね。自分一人ではとても手に負えんと言いますか、本心はハイデガーを呼び戻したかったので、ちょうど夏休みだったから手伝ってくれと言って呼び戻すんですね。そして呼び戻して、現象学の原稿を半分手伝ってもらうんです。

ところがここでこの師弟の関係がうまくいかなくなってしまう。ハイデガーの書くことが気に食わないんですね。彼が書いたものをフッサールは全部書き直したりします。そしてハイデガーのほうも別の勉強をしてきているし、そのときにはすでに『存在と時間』を刊行していますから、何か違う。先生のそのやり方だと、不安という現象なんていうのは解明できないんじゃないですか、なんてことを訊《き》くんですね。それが本当の原因かどうかわかりません。そのへんからおかしくなって、師弟が、喧嘩《けんか》別れとまで言わなくとも、袂《たもと》を分かつわけです。そしてハイデガーは、相手は先生ですから、これは相手が（ハイデガー）悪いと言って（笑）、フッサールのもとをタチサールわけなんですけども（笑）。

さて、そこで不安という問題が出てきます。このときにはもう、ハイデガーは不安という問題を一生懸命考えていたんですね。不安というのはハイデガーによれば、これは本来的な現象だと。誰にでも不安というものが起こる。これはしかし、ふつうは稀《まれ》にしか起こらない。皆さんも不安に陥った経験をお持ちだろうと思います。不安がなぜ起こるか。これには延々と説明があるんですけれども、早く言ってしまえば、自分が死ぬということを思い出すからですね。不安は、稀にしか起こりません。そして死を恐れているわけですから、対象がないんですね。不安というのは本来的な感情であるからして、不安に陥っても何も恥ずかしいことではないんだと。むしろそれを足がかりにして世界を了解する方向へ進むべきなんだと言っているんです。

不安のもとは自分が死ぬということ

不安というのは本来的なんだけれども、この不安の非本来的な形は、たんなる**恐れ**《おそ》なんですね。この違いを言いますと、恐れの場合ははっきりと対象がわかっているんです。だいたいにおいて対象がわかっている。たとえば台風が来るとか洪水が来るとか、猛犬がやって来るとかヤクザがやって来るとか、時には奥さんが来るとか、そういうものが近づいてくる。近づいてくるために恐いわけですね。自分に近づいてくるために。そして、それは自分に襲いかかってくるかもしれないし、横を通り過ぎていってしまうかもしれない。だけど横を通り過ぎていくかもしれないという可能性があったところで、恐れが軽くなるわけじゃないんですね。そのためにますます恐いということがある。

ただし、普段見知っているものであっても、これが突然目の前に現れた場合は——これを突如性と言いますけれども——驚愕《きょうがく》と言います。この場合は自分の知っているものです。台風とか洪水とかそういったものです。あるいはヤクザとかです。だけども全然まったく自分が見たこともないものが現れた場合は戦慄《せんりつ》と言います。震えおののくことですね。それからさらに、自分のまったく見知らないものが突如性をともなって現れた場合、これを仰天《ぎょうてん》と言います。こういうことによって非本来的な反応を我々は起こすわけですけども、その反応のことを狼狽《ろうばい》と言います。うろたえるわけですね。

本当はこういう言葉を作家は厳密に書き分けなければいけないですけどね、その意味や内容にしたがって。だから奥さんが突然あらわれた場合は、仰天ではないんですよね。奥さんが突如性をともなって現れた場合は驚愕です（笑）。それはつまり、何にしろ対象がはっきりとある。わかっているにしろ、わかっていないにしろ、とにかくあるということです。

ところが不安というのは、対象がないんです。なぜないかというと、ないのが当然で、これは不安のもとは自分自身なんですね。自分が死ぬということです。そしてこのときに初めて本来的な自分に直面しているんです。皆さん方、そういう経験をなさったことがおありかもしれないですね。そういうときに、世人との今までワーワーやっていた関係が全部崩壊してしまうんです。今までの安らぎがなくなってしまう。つまり世界との、今までの慣れ親しんできた、なあなあできた親密さ、そういったものがなくなってしまうんですね。

これはだから、自分は一人であるということを感じるわけで、単独性と言っています。この単独性というのはべつに、物理的に一人である必要はないんですね。たくさんの人に囲まれていてもこういう事態になりうるんです。たとえばゼミのコンパか何かでですね、皆ワーワー騒いでいるなかで一人だけ落ち込んでいる女の子がいる。つまり突然「ああ、私は死ぬんだ」なんて思って、「ああ、ここにいる人たち、皆死ぬんだ」と、そのように思う。そういう経験は皆さんもおありだろうと思うんですけれども、そのように一人でなくても十分起こりうるわけです。そして、そこで死ということを考え始めるんです。

ここでやっと『存在と時間』の第一編が終わりました。

5　「時間」とは何か？

死は経験不可能なもの

第二編で、それでは現存在の本来的な生き方とは何か、そして我々はなぜ存在しているのか、人間の存在性とは何かを論じています。人間の存在性というのは早く言ってしまえば、時間だというふうに言っています。ですから「存在と時間」というタイトルになったわけですね。

時間というのが第二編に出てくるんですが、その前に死の問題があります。死というのは、これは経験不可能と言いますかね、我々にはわからないんです。絶対にわからないんです。つまり自分固有の死はわからない。他人の死を見て死とはどういうものかをだいたい想像することはできるではないかと言われるかもしれないけれども、しかし誰か人が死んで我々が「ああ、あの人、死んだんだ」と思って、喪失感と言いますかね、「あの人」を失ったという寂しい気持ちになる。それと死んだ当人の喪失感とは、これは絶対に同じじゃないんですよ。死んだ時の喪失感ですけどね。自分は何もかも失って死んだという喪失感はないわけです。

ですから経験不可能であるし、それから代理してやることもできないんです。だから「この人が死ぬのを食い止めてやろう。代わりに誰かに死んでもらおう」ということもできないわけですね。「俺は死ぬのが恐いから、お前、ちょっと代わってくれ」というわけにもいかんのです。ですからそれはそれぞれの人間各自の固有の死というものがあって、そしてその死というのはいつ来るかわからないわけですから、ハイデガーはこのことについて**未了**《みりょう》と言っています。人間はまだ終わっていない、ということです。

これはべつに死ぬときのことではなくて、常にそうなんですね。たとえば果物。果実なんてものは花が落ちてだんだん大きくなってきて、黄色くなったり赤くなったりして熟します。熟したときが完熟でもって、それで完成するんです。ところが人間にはそういう完成というものがないんですね。常に未了なんです。まだ終わってない。いつまででも可能性をもっているんです。そして、でもしかし、いつかは死ななければならないんだけれども、そのときでもまだ未了なんですね。人間はどんなに功成り名を遂げてお金持ちになって、そして死んでも、それでその人が完成したわけじゃないんです。まだ可能性というのが残っているわけですから、絶対に完成ということはない。

だから死ぬことをハイデガーは**最極限《さいきよくげん》の未了《みりよう》**と言っています。そしてこれが死ぬことなんですけれども、ここまで来る間は未了ですね。ずっと未了、未了、というのが続くわけです。そして最極限の未了というものがあるわけで、ここでハイデガーは非常に刺激的な言い方をしています。つまり現存在というのは常に未了であると同時に、いち早くそのつどの終わりであると言っているんです。ですからいつ死んでも不思議ではないということです。いつでも死ぬということなんですね。

そういった死から目をそむけさせようというのが、さっき言った世人なんですけども、世人というのは「まあ、お前はそんなに心配するな。人間はいつか死ぬんだ。人間はいつか死ぬけれども、お前は当分死なない」と言って、要するにそういった空談でもって、死というものを誰かに属しているんじゃない、付属しているものじゃなくて、完全に曖昧な出来事であるというふうにして死というものに目を覆わせてくれるんですね。死から目をそむけさせてくれるんです。

逆にそして「お前はそんなに死のことばかり考えて、臆病だ」とか、そういうふうに言うんですね。そういうものを忘れてこそ、充実した生活が生き生きとできるんじゃないかと、そういう生活が保証されるんじゃないかと言って、安らぎを与えてくれようとするんです。そういうことを考える裏には、さっき言った不安というものがあるんですけれども、この不安というものを世人というのはたんなる恐れというものに逆転させてしまうんです。

今言ったことが死に関わる堕落ですね。頽落《たいらく》の状態と言いますか、様相なんです。人間が本来的に死ぬことを了解しようとした場合、自分はいつ死ぬかわからないけれども、自分が死ぬ前にいち早く先駆けること、これを**先駆**《せんく》と言っています。死に先駆けるんです。死に先駆けるからといっても、これはべつに早く死のうとか、そこで死んでしまうということではないんです。先駆けて了解するんです。死というものを了解する。だから死ぬことそのものではありません。死から自由になるために、自分の死というものを了解するんです。

そこでもって初めて世人というものとの、今までいろんないきさつがあった、そういった人たちとの鎖が断ち切れてしまうんです。自分は、つまり実存しているこの自分は、一回しか生きられないんだ。これを一回性と言います。そしていずれ死ぬんだというのを有限性と言います。限りがある。それを自分の身に徹してみるんですね。そのために当然、では自分は今何をすべきか。自分には今何ができるか。そういったことに、これらは向かわせてくれるわけです。

死に先駆けて、死に直面して、死を了解できるのか

ただしかし、そういったことが本当にできるのかどうかという疑問が起こって

きます。死に先駆けて、死に直面して、死を了解するなんてことができですね、普通の人間に、たとえば僕なんかとても自分の死を了解するなんてことはできないんです。自分が死ぬなんてときには、恐いからその場にはいたくないですね（笑）。

そういうふうに、死というのは逃亡不可能性ということもあるんです。逃げることもできない。先駆して了解する、これを**先駆的了解**《せんくてきりょうかい》と言いますけど、そんなけっこうなことができるのかどうか。本当にそんなに自由になれるのかどうか。それができなきゃだめなんです。だから、たとえハイデガーみたいな偉い人にできても、これは我々にはだめなんです。我々すべてがそういうことができるという証明がないと、これは学問にはならんのですね。

ところがその先駆ということが可能であるとハイデガーは言っています。誰にでもできると。そして、誰にでもできる証明というのを**証し**《あかし》と言っています。この証しというのはどういうところから入っていくかと言いますと、不安から入っていくわけです。不安というのは、彼は**良心**《りょうしん》の呼びかけだと言っています。これは誰にでも納得できることだと思うんですけれども、良心というのは不思議なことにどんな悪い人にでも必ずあるんですね。だからこれが納得できるんです。なるほどそうかと思ってしまうんですけども、これは不安というのを、不安という感情を利用すればいいんじゃないかと思います。それでもって良心というのが生まれるんじゃないかと思うんですね。それを良心と言っているんですね。

このへん、じつは僕よくわからないんです。ちょっと宗教的になってくるんです。今、第二編に入っているんですけど、第二編というのは非常に難しくなります。第一編の三倍くらい難しくなってですね。しかも読者に対して非常に不親切ですね。よくわかりません。僕もよくわかってないんです。でもわかったところだけ懸命にやります。

とにかく良心が呼び起こさせる。良心の呼びかけがある。もちろん現存在の外部から神様とかの声が聞こえてくるというようなことは絶対にありません。そういうことじゃないです。現存在の中から出てくる良心の呼びかけなんです。

良心が呼びかけてきたといっても、本人が実際に犯罪を犯したとか悪いことをしているとか、そういうこととは無関係です。とにかく「**責**《せ》**めあり**」とハイデガーは言っています。「責めあり」ということがあるんだと。人間には必ず**責**《せ》**め**がある。自分は誰かに借りがあるのではないか、自分は悪いことをしているのではないかとか、自分には罪があるのではないかとか、そういったことだと思います。あるいは、今までひょっとしたら世人との付き合い、空談、おしゃべりにうつつを抜かしたり、美味しいものを食べ歩いたり何かしていた、それに対しての、その非本来性に今まで甘んじていたことへの「責めあり」なのかもしれませんけれども。

とにかく自分は責めある存在であるということを認識するんですね。そして決意します。良心をもとうと決意するんです。そして決意をすれば先駆ができると言っています。死のほうへ先駆けることができると言っています。これを**先駆的**《せんくてき》**決意性**《けついせい》と言っています。ですからこれは先駆しようとして、そしてもう一度不安を呼び起こして、そして良心に呼びかけられて、そして「責めあり」ということで決意して、そして先駆けるということではないんですね。そういう順序を追ってやってくるということではなくて、全部いっしょに来るというふうに言っています。良心をもとうと決意したとたんに先駆けることができるんだというふうに言っています。そして自分の固有の死のほうへ先駆けることができる。

固有というのは、誰に代わってもらうこともできない。自分だけの死ですね。その死の可能性へと先駆けて、そして了解するんです。すると世人という人たちの群れからは孤立しますね。孤立するというか、単独化というか、そういうことがあるけれども、これも物理的に自分一人ぼっちになることじゃないんです。そういうことによって、世人から孤立することによって、逆に他の人との本当の関わり合い、本当の話し合いというものができるようになると言うんですね。そういう結構なことになれるのかどうかわかりませんけれども、そう彼は言っています。

人間の存在している意味というのは時間性である

そしていよいよ次に**時間性**《じかんせい》というところに入っていきます。現存在、人間の存在している意味というのは時間性であるというふうにハイデガーは言っています。さっき言いましたように、人間が死という可能性を目指して死と向かい合うわけです。先駆けて決意をもって死と向かい合う。それは大変なことだろうと思います。

死というもの、つまり、ものすごい形相《ぎょうそう》をしたものと、まともに向かい合うことが普通の人間にできるのかどうかわかりません。とにかく死というものを見たら、誰でも粉々に打ち砕かれてしまいます。つまり死というものがあって、それが来ればもう自分は何でもなくなるわけですから。自分がしたことややってきたこと、功績、集めてきたお金、全部何でもなくなるということを嫌というほど認識させられるわけですから、そこでもう打ち砕かれてしまうんですね。ですけれども、それをやらなければいけないんです、先駆するためには。

現存在が先駆けて、今度は**到来《とうらい》**ということが出てきます。ハイデガーの言う到来と言うのは、死という可能性を目指して自分へと、本来の自分へとたどり着くことだということですね。そこへ到来するんだというんです。そしてここで、あるべき自分に戻るんです。ということはつまり、自分は死ぬということがはっきりわかるんです。あるべき自分に戻ったとたんに打ち砕かれてしまう。打ち砕かれるというのが、これがいわば死への往《ゆ》く道だとしますと、今度は復《かえ》ります。これは帰り道だと思います。自分の過去のことがすべてわかると言うんです。自分が生まれてから今まで何をしてきたか。自分だけのことをしてきた、他は誰も類似のことをやっていない自分固有の過去があるんですね。それを了解するんです。これを**既在**《きざい》と言います。既に存在してきた今までのことです。それを取り返すんです。本当に取り返すんです。今まで自分のしてきたこと、たいていの人はほとんどのことを忘れていますけれども、自分が既在してきた本当の意味を取り返すということです。そしてここからまた現在へ戻ってくるんですね。

現在に戻ってくるその現在というのは、今というこの現在というのは、一瞬後には過去になっています。本当の現在というのはないわけなので、現在というのは次々次々過去になっているわけですから、ハイデガーはそれを現在とは言わないで、**現成化**《げんじょうか》と言っています。現在に成りつつある過去ということでしょうか。

そして現在に戻ってきて、現在を自分の中から解放するわけなんですけれども、現在というのは今言ったように一瞬ごとに変わっていますから、瞬間、瞬間に自分を見ていく。ですからこれを瞬視《しゅんし》とも言っています。瞬間的に見るということですね。

だからつまりこれは、自分がその場その場でどう対応するかがわかるということではないかと思います。自分の死というものをよく見て、そしたら自分の過去、自分が何をしてきたかがよくわかるわけだから、それで自分が今ここで何をすべきか、自分はこの仕事を続けるべきかどうか、辞めるべきかどうか、自分はこの人と結婚すべきかどうか、文芸家協会を脱退すべきかどうか（笑）、すべてわかるということなんですね。

本当にそんなことが起こりうるのかどうかということなんですけど。ですからこれはですね、現成化といっても現在のことじゃないんです。そして未来のことでもないんです。過去のことでもありません、正確には。そのへんをちょっと間違わないでほしいんですけども、つまりこれは人間の未来との関わり方だと思ってください。ちょっと荒っぽい言い方ですけども。そしてこれは現在との関わり方、過去との関わり方であると思ってください。そして現成化というのは、未来を見て、過去へ戻って自分の過去を振り返って、そして現在に戻ってくるというんですが、それは順番に来るのではなくて、いっぺんにやって来るというふうに言っています。これを**時熟**《じじゅく》と言っていますけどね。時が熟するというふうに言っています。

ですからハイデガーにとっては、つまりこれが時間なんですね。これを時間だとハイデガーは言っています。ですから現存在というのは**時間内存在**《じかんないそんざい》だということも言えるんです。世界内存在であると同時に、時間内存在であるということも言えるんです。

6　現代に生きるハイデガー

ハイデガーには歴史がないのか

ここで皆さん、疑問に思われると思いますが、じゃあいったい、歴史というのはどうなっているのかと。一人の人間が生まれる、その人が生まれる前にも長い長い歴史があったはずだと。その歴史はいったいどうなっているのかという疑問です。

そうするとここで、ハイデガーは、歴史というのは全部、自分自身の固有の過去、つまり既在に含まれるのだと言っています。そこに歴史が含まれているんだというふうに言うんです。つまり既在の優位と言いますか、歴史に対して既在が優位なんだと。既在することの中にはすでに歴史的なものが含まれているんだと言うんですね。

このへんがちょっと僕もよくわからないんです。この、ハイデガーによる歴史的なものの解釈が、ハイデガーには歴史がないと言われる原因だろうと思うんですけども。つまり既在には歴史的なものが含まれていて、さっき言った先駆的決意性というのが自分の可能性を、――自分が引き受けているいろんな過去の遺産がありますね。伝統とか何とか、あるいは伝承とか、そういったものを――既在しているときに選び取っていると言うんです。そして選び取っているからこそ、過去の歴史というのを既在が身につけているがゆえに、そこへやって来たときに自分のすべきことがわかると言うんですね。あるいは自分のすべきことの真剣さが生まれると言うんです。そしてそこで宿命なんて言葉が出てくるんですけどね。

このへんになるとますます、よくわからなくなってきます。だいたいはそういったことなんですが、この宿命という言葉は『存在と時間』の最後に近いところでですね、共同体の宿命だとか民族の宿命だとか書いているんです。そして、ここからどんどん展開していってハイデガーはナチスに入党してしまうんですね。

ちょっとそのいきさつを説明しておきますと、さっきフッサールとハイデガーが喧嘩別れみたいに別れたとお話ししました。それからしばらくしてから、フッサールはまだハイデガーへの未練《みれん》があってですね。マールブルク大学からフライブルク大学へ帰って来い、帰って来いと言っているんです。そして帰って来るんです。教授として招聘《しょうへい》されてフライブルク大学へ帰って来るんですけれども、そしてそのときにはまだ仲が良くて、ハイデガーはすでに『存在と時間』を書いていて、これの最初の献辞のところには「フッサールに捧ぐ」なんてちゃんと書いているんですね。

ところがそのときにナチスが擡頭《たいとう》してきて第二次世界大戦が起こります。そしてフッサールというのはユダヤ系ドイツ人です。迫害されてしまうんですね。大学を辞めさせられて、非常に不幸な後半生を送ります。大学の過去の教員の名簿からも名前をはずされてしまってですね、自分のいた大学の構内へ入れないという状態になります。ここでハイデガーを恨んで、『存在と時間』の悪口を言い始めるんです。もちろん本をハイデガーから送ってもらっていますけれども、その余白に反論を赤鉛筆か何かで書いていたそうです。そして悪口も人に言ったそうなんです。

一方ハイデガーのほうはというとですね、どんどんどんどん出世して、ついにフライブルク大学の総長になってしまうんですね。そして総長になって、共同体の民族の宿命とか何とか言って、さらに自然ということも言い出して、彼にはもともと農民的なところがあったんですが、さらには道具のところで出てきましたけれども、ハンマーというのがすぐ出てきたりするんです。ハンマーをよく持ち出す、そういう農民的なところがあって、年を取るとますます完全に自然の前に跪《ひざまず》いてしまうんですね。年老いた純朴な農夫のように。ですから「黒い森の哲学者」なんてあだ名をつけられたりもします。そして、総長であったときなのかどうか知りませんけれども、とにかくナチスに共鳴してナチスに入ってしまいます。これはもうヒトラーは大喜びであったろうと思います。大哲学者が入ってくれたんだから意を強くしただろうと思いますけれども、それでもって今（一九八七年にファリアスの『ハイデガーとナチズム』刊行以来）ハイデガーに対しての批判が起こっています。猛烈になり始めたのはつい数年前からなんですね。ただそれを擁護する人もいまして、ジャック・デリダなんて人がそうですけれども、うまい具合にこの人はフランスのアルジェリア系ユダヤ人ですから、やっぱりユダヤ人が擁護しなければいけなかったのかもしれません。そのようないきさつがあります。

ハイデガーの影響

しかしながらですね、そのだいぶ前に『存在と時間』を書いているわけですけど、だからといって『存在と時間』の価値が下がるといったことは絶対にないと思います。そして『存在と時間』、解釈学と称されていますけれども、解釈学あるいはハイデガーの哲学をもとに、哲学以外のいろんなところに影響が行き渡っています。

たとえば精神分析の分野では現存在分析なんてものがあります。これはビンスワンガーという人が創始して、R・デヴィッド・レインという人の書いた本で有名な現存在分析。普通の精神分析というのはですね、これは例えばその人の過去、多くは幼少期を振り返って、そのときの精神のありようといいますか、精神的外傷、トラウマと言いますけど、それを探って、そこに病根があるというので精神分析するんですけど、レインの場合は、現存在分析というのはそういうことじゃないと。本当はもっと難しいんですけどわかりやすく言いますと、たとえば四十、五十の海千山千のおっさんがたまたま精神病に罹《かか》ったからというので、何も世の中をいっぱい経験している人のわざわざ幼児のときに帰って病根を掘り出しても意味がないと。やっぱり現存在としてその人を分析しなきゃいけないということを言い出して、これは実際はもっと難しい理論なんですが、そう言ったわけです、ハイデガーを応用しまして。だからこれは精神分析学会でですね、現存在分析の理論が発表されたときは大騒ぎになったといいますか、大反論があったわけですね。そんな難しい哲学みたいな方法で精神病が治せるわけがないと。しかしながら現在ではさらに進歩しまして、現存在分析をやっている人がたくさんいます。レインよりももっと過激なデヴィッド・クーパーなんて人が「精神分裂病者は我々といっしょだ。ちっとも変わらない」なんて、そういう過激なことを言っている人もおります。

そういうように現存在分析というのが今大きくクローズアップされてきておりますのそれは解釈学が精神分析にあたえた影響ですが、それから文学理論のほうにも影響をあたえております。ハンス＝ゲオルク・ガダマーという人ですけれども、この人は解釈学的な文学理論というものをやり出しました。この人の文学理論の中には非常に重要な現代文学の問題がすべて含まれていると言われているんですけれども、そういうように多くのところに影響をあたえた哲学です。

しかしながら今日、私がこれをお話ししたことでけっして、何度も申しますけれども、マスターしたとは思われないで、このもとの本をもう一度読んでいただきたい。そしてハイデガーをもっと深く理解していただきたいと思います。どうもありがとうございました。

解説

「誰にもわかるハイデガー」への、わかる人にだけわかる補遺

大澤真幸

0　あえて空談の流儀で……

本書は、普通の意味での解説を必要とはしない本である。「文学部唯野教授」の講義は、わかりやすく、タイトルにある通り「誰にもわかる」からである。ハイデガーの主著『存在と時間』をこれ以上わかりやすく解説することは不可能だ。最初にはっきりと記しておく。唯野教授の「よくわかる」解説は、『存在と時間』の理解としてまことに正確である。子どもやサルでもわかるとか、一時間程度の短時間でわかるとかということを売りにした哲学の入門書は、巷に溢れているが、そのほとんどが原典の最も肝心な部分を逸している。「確かにその本は一時間くらいで読めるかもしれないけれど、その内容は原典とはまったく関係ないよ」と言いたくなるような本ばかりである。

しかし、唯野教授によるこの講義、「誰にもわかるハイデガー」は違う。よくわかる上に、『存在と時間』のエッセンスをまことに的確に抽出している。ハイデガー研究の専門家は皆、このことを認めるだろう。正直、私はたいへん感心した。ハイデガーと言えば、ひとりの専門家が一生かけて研究しても、汲み尽くせないほどにめんどうで難解な哲学者である。その哲学者の主著を、専門家ではない、「唯野教授」こと筒井康隆さんが、かくも正確に紹介できるとは。驚きである。

＊

が、もっと驚いたことがある。ツボをはずさない正確な紹介ということであれば、哲学研究の専門家にもできるだろう。だが、この唯野教授の講義には、哲学研究者だったら絶対にできなかったに違いないことがある。言い換えれば、筒井康隆という小説家でなければやれなかったことがあるのだ。それは何か。

独特の語り口である。『存在と時間』というテクストをつきはなした、ユーモアを含んだ語り口。これは難しい。哲学研究を専門としている者が、『存在と時間』を、あるいはハイデガーを論じたとしたら、絶対に、このような語り口で講義することはできなかっただろう。少なくとも私にはできない。

なぜ、哲学の専門研究者にはそれができないのか。きまじめな専門家は、筒井さんほどすらすらとジョークが出てこないからなのか。そういう理由も少しはあるかもしれないが、そんなことは本質的なことではない。いわゆる専門家には——多分専門家であればますます——、このような語り口を採用する勇気がないのだ。彼らは、無意識のうちに、そのような語り口から逃げてしまう。

どうしてか。唯野教授も説明しているように、ハイデガー自身が、この種の語り口による会話を「空談」とかと呼び、頽落したものだと書いているからだ。それは、非本来的なもの、つまり「死」から目を背けさせる手段になっている、と。要するに、唯野教授の講義は、ハイデガーが深刻そうに書いていることを、あえて空談の流儀で論じているのである。これは、専門の研究者には怖くてとうていできないことである。

＊

だが、読者は思うだろう。語り口など、哲学の実質的な内容には関係がないことではないか、と。まして、ハイデガーが頽落の一種とみなしたような語り口を採用してハイデガーを解説するなど、よくないことではないか、と。

私の考えでは、しかし、そうではない。語り口によってハイデガーを裏切ることはよいことである。どのようによいのか。その語り口こそが、『存在と時間』の理解を創造的に深化させるからである。

私はウンベルト・エーコの小説『薔薇の名前』のことを連想した。この小説の主人公、フランチェスコ会の修道士バスカヴィルのウィリアムが、旅の途中で立ち寄った、ベネディクト会修道院で、修道士が変死する事件が連続していた。ヨーロッパの中世を背景としたこの小説は、ウィリアムがこの事件の謎を解く、一種の探偵小説である。最後に、この修道院の図書室に保管されていたアリストテレスの『詩学』第二部の唯一の写本の特定のページに毒が塗られていて、この箇所を読んだ者が死ぬように仕組まれていたことが判明する。毒を塗ったのは、盲目の老修道士ホルヘである。問題は、どうして写本のそのページに毒が塗られたのか、そこに何が書かれていたのか、である。

毒が塗られていたのは、アリストテレスが喜劇の効用について論じていた箇所である。中世では、アリストテレスは聖書につぐ権威があった、ということを念頭に置いておかないと理解ができない。ホルヘは、笑いは信仰を損なう、と固く信じていた。ところが、あるとき、彼は、アリストテレスが、喜劇が生み出す笑いについて肯定的に論じていることを知り、驚愕する。このことは絶対に知られてはならない。アリストテレスが書いていれば、ほとんどそのまま「真理」だということになってしまうからだ。ホルヘが、アリストテレスの喜劇論のページを開いた者が必ず死ぬように細工をしたのは、このためである。

エーコがこの小説を通じて示したかったことは、笑いがもっている解放的な力である。笑いを排除した厳格な信仰は、かえって信仰を貧しいものにする。信仰を豊かなものにするのは、ときに信仰自体をつきはなすユーモアや笑いである。これがこの小説のメッセージである。

同じことは、ハイデガーの理解にも言える。ハイデガーのテクストは、ベネディクト会の老修道士ホルヘのように、笑うことを禁じているように感じられる。しかつめ顔で、真剣に読む者だけが、テクストの奥義に達することができるかのように、書かれている。

しかし、これはまちがいである。笑いをともなう信仰の方が、信仰としてより豊かだったのと同じように、笑いやユーモアをともないながら読むことで、ハイデガーの理解はより深いものになるだろう。笑いによってテクストに対して距離を取ることができれば、自然と、解釈に創造性が宿るからだ。書かれていることの内側に閉じこもるのではなく、書かれていることを相対化しつつ、発展させるための想像力が発生するのだ。

唯野教授の語り口は、アリストテレスに仮託してエーコが称揚した喜劇と同様に、このような効用をもつ笑いを導入する。

＊

以下で、私は、この語り口が、ほんとうにそのような創造的な効果をもたらしている、ということを示してみよう。「誰にもわかるハイデガー」という講義をただ要約したり、そのまま解説したりすることは、意味がない。すでに十分に明快な論述を、どのように言い換えたところで、それよりわかりにくくなるだけだからだ。

代わりに、私はここで、『存在と時間』の中に示された着想を前に進め、それを徹底させたら、どのようなことが言いえたのか、どのような転回がありえたのかを考えてみよう。大哲学者を相手にそんな大それたことをする勇気が出てきたのは、唯野教授の語り口のおかげである。もし、唯野教授の講義を読まなかったら、私は、決して、以下のようには考えることができなかっただろう。私の議論は、唯野教授の講義に対する一種の補遺であり、この講義の語り口に人を自由にするような解放的なポテンシャルがあることを示す実例である。

1　目を覚ましていなさい

未完のテクスト

最初に『存在と時間』というテクストをめぐる事実を確認しておこう。このタイトルで今日われわれが手に取る書物は、実は、完結していない。ハイデガーは、もともと、『存在と時間』を二部構成で考えていた。各部は、それぞれ、三編から成るものと予定されていた。実際に出版された『存在と時間』は、第一部の第二編までである。つまり、もともとの構想の半分にも満たないところで、現行の『存在と時間』は終わってしまっているのだ。

ハイデガーは、もちろん、続編を書くつもりだった。しかし、やがて、彼は、続きを書くのを断念してしまう。「一九五三年第七版への序言」で、後半部の出版を諦めたということが正式に宣言されている。それまでの『存在と時間』の単行本には、背表紙に「I」と表記されていたが、この版からは、この記載が消えた。つまり、本来は未完成の『存在と時間』が、『存在と時間』のすべてになったのだ。この書物の根本的なねらいは、「存在の意味は時間である」というテーゼを証明するところにあるはずなのに、唯野教授の講義からもわかるように、時間の話題は、かなり終わりの方になって少しだけ出てきただけで、全編が閉じられてしまうのは、こうした事情からである。

どうして、ハイデガーは後半の執筆を断念してしまったのだろうか。何らかの行き詰まりを見たからに違いない。その行き詰まりとは何なのか。もし後半が書かれていたとしたら、それはどのようなものになったのか。こうしたことを主題とした研究は、もちろん、なされてきた。

いずれにせよ、未完であるということは、ここでの考察にとってはむしろ朗報である。このテクストは創造的な読解に対して開かれたまま、放り出されていることになるからだ。

ゲッセマネで

さて、未完のままに突如としてひとつの完結した著作とされてしまった『存在と時間』の前半のキー概念は「気遣い Sorge」である。現存在（人間）とは気遣う存在である。現存在は、道具的存在者を配慮的に気遣い、共現存在（他の人たち）を顧慮的に気遣う。気遣いについてのハイデガーの分析は明快だ。そして異論の余地なく正しい、という印象を与える。が、正直に言えば、いささか退屈でもある。「その通りかもしれないが、どうしてわざわざ、そんなことについて細々とていねいに反省したり、分析したりしなくてはならないのか」という感想をもつことだろう。なぜ、気遣いがそんなに重要なのか。どうして、ハイデガーは、こんなことにこだわり、細かく分析しているのか。

この問いに対する答えは、唯野教授の講義の中で与えられている。しかし、ここでは、『存在と時間』の記述から離れ、別のテクストを利用して、その趣旨を説明してみよう。別のテクストとは、『新約聖書』である。その頭に置かれている四つの福音書には、イエス・キリストの物語が書かれている。そのクライマックスは、あの事件、単一の出来事としては人類史上最も大きな影響力をもったあの事件である。キリストの十字架の上での死だ。ここで引いてみたいのは、この決定的な出来事のほんの少し前にあったことだ。

イエスは、誰もが知っているあの有名な夕食「最後の晩餐」の後、弟子たちを引き連れて、ゲッセマネという名の土地（オリーブ山）に祈りに行く。イエスはこのとき、ユダヤ人の長老たちの自分への反発をひしひしと感じており、敗北の予感は高まり、ほとんど確信の域に達している。そんな中で、イエスは、大地にひれ伏して祈る。もしできることならばこのときが彼から去っていくように、と。「アバ、お父さん、あなたには何でもおできになります。この杯を私から取り除いて下さい……」。これほど痛々しい場面がほかにあるだろうか。パスカルは、宗教的感情の源となるような秘義をこの場面に見ている。

ここで問題にしたいのは、この場面での、イエスの弟子たちの態度である。彼らは、「私が祈っている間、私とともに目を覚ましてここで待っているように」とのイエスの命令にもかかわらず、眠りこけてしまうのだ。イエスは、祈りの合間に何度か弟子たちのところに戻ってくる。イエスがいつ見ても、弟子たちは眠っており、そのたびに、イエスは、彼らを起こさなくてはならない。このゲッセマネの祈りのすぐ後に、イエスは逮捕される。弟子たちはイエスが逮捕されるや散り散りになって逃げ去り、人に問われてもイエスのことを知らぬかのようにふるまって、イエスを裏切る。ゲッセマネでの弟子たちの居眠りは、彼らのこうした裏切りの予兆になっている。

この場面が『存在と時間』とどう関係しているのか。この弟子たちの呑気な眠りこそ、気遣いの欠けている状態、気遣いの零度である。ここで、弟子たちが眠くなるのも、わからなくはない。エルサレムでの極度に緊張した日々の中で、彼らは疲れていたに違いない。夕食をとり、ぶどう酒をたっぷり飲んだ後の夜更けである。眠くもなろう。しかし、イエスの立場になってみよ。自分は、殺されるかもしれないということに怯え、父なる神に必死に祈っているのだ。この禍《わざわい》を遠ざけてくれ、と。そんなときに、最も身近な者たちが、最も有力な支持者だと思っていた者たちが、いびきをかいて眠っているとしたら、どうであろうか。どんなにか失望し、悲しかったことだろう。

それだけではない。このイエスという男は、キリスト、つまりは神（の子）である。神の子の死が近づいているのだ。そのことを、直前の食事、最後の晩餐で、ほかならぬキリスト自身が予言したばかりではないか。神の子が死ぬということは、ほとんどこの世界の終わりに等しいことだ。神の子の死が刻一刻と迫っているこんなとき、眠っている場合ではなかろう。弟子たちが眠ってしまうのは、彼らが、キリストの言葉にもかかわらず、なお、破局的な出来事、決定的な出来事がまさに到来しようとしている、ということへの自覚がたりないからだ。言い換えれば、世界の終わりにも匹敵する出来事が生起しようとしているということへの鋭敏な自覚があれば、気遣いが零度（居眠り）の水準に落ちるはずがない。気遣いは、その「終わりの到来」の切迫を、どれだけ強く自覚しているかに比例して、その強度を高めていく。

「平和だ、そして安全だ」

このときのイエスの弟子たちへの命令「目を覚まして待っていなさい（鋭敏な

気遣いを保ちなさい)」を、さらに一般的な文脈に移せば、次のようになる。これは、パウロが「テサロニケ人への第一の手紙」(5章1節〜3節)で書いているることである。

兄弟たちよ、その時間と時期についてては、あなたがたは私たちから〔何か〕書き送ってもらう必要はない。あなたがた自身、主の日は夜の盗人《ぬすびと》のようにしてやって来るのだということを、正確に知っているからである。人々が「平和だ、そして安全だ」と言う時、ちょうど胎に〔子を〕もつ者を陣痛〔が襲う〕ように、思いがけない滅びが彼らを急襲する。(『新約聖書』新約聖書翻訳委員会訳、岩波書店)

ここで、いつ来るかわからない——がしかし必ずやって来る——盗人に喩えられているのが、終末の破局である。キリスト教の標準的な設定では、この破局のすぐ後に、最後の審判があるはずだ。引用したパウロの手紙の中にある、「平和だ、そして安全だ」に対応するラテン語は「pax et securitas」である（ギリシャ語原文は「eirēnē kai asphaleia」）。この“securitas”が、今日、われわれがしばしば使う“security”という語のラテン語の原語であることは、容易に見てとることができるだろう。ここには、「安全だ secure」などと思ってのんびりしているのは――イエスの必死の祈りの最中に居眠りしているのと同じように――、悪いことだという感覚がある。

英語 secure は、否定を意味する接頭辞 se- が、cure に付いたものである。つまり、安全 secure とは、cure がない状態という意味だ。cure（もちろん「治療」を意味する英語）は、ラテン語の cura（クーラ）という語に由来している。したがって「安全だ」とは、「cura を欠いている」ということになる。ではそのラテン語の cura の本来の意味は何か。「注意、配慮、関心など」をこの語は意味している。これだけていねいに説明すれば、もうわかるだろう。ドイツ語の Sorge（気遣い）の源泉は、ラテン語の cura である。[1]

人は、どうして、「平和だ、そして安全だ」などと言って、気遣いの感度を下げてしまうのか。なぜ、のんびり居眠りをしてしまうのか。『新約聖書』によれば、終末が、もういつ来てもおかしくないほどに切迫していることへの自覚がないからである。

気遣いの極大化

とはいえ、イエス・キリストの処刑はすでに終わってしまったし、またこれを特別な一大事と受け取る感受性は、イエスという男を救済者や神（の子）として帰依する態度を前提にしている。やがて確実に終末がやって来るという確信は、終末論を中核に据えた宗教を信じていなくては出てこない。というわけで、ここまで紹介した話は、一部の、特殊な信仰をもつ者にしか関係がないことに思えるかもしれない。

だが、特別な帰依や信仰を前提にしなくても、実際には、誰に対しても、絶対的な意味をもつ「終末」が必ず到来する。それこそ、死である。死は、個人を、まさに単独者として襲う。つまり、死は、自分だけのものであり、誰かに代わってもらうわけにはいかず、死ぬとき人は、完全に他から隔絶される。しかし、その死は、その個人にとっては、世界の終わりに匹敵する意味をもつ。死んでしまえば、彼からは、経験のあらゆる可能性が奪われるからである。

こうして、われわれは、『存在と時間』の議論に到達することができる。気遣い（Sorge = cura）が極大化するのは、死をまさにいつでも到来しうる差し迫った可能性として覚悟したとき、つまり――ハイデガーの表現を用いれば――死へと先駆したときである。逆に言えば、現存在が気遣うとき、つまり道具や他の人々やあるいは自分自身を気遣うとき、現存在は、死への（最小限の）予感をもっているとも言える。ハイデガーは、死から目を背ける、非本来的な頽落についてあれこれ論じているが、死から逃避するためには、人は（世人は）あらかじめ死を知っていなくてはならない。ということは、死からの逃避すらも、死との関わりを前提にせざるをえず、現存在は、完全に死と無縁なところに行くことは不可能だということになる。気遣いは、常に、潜在的には死と関係している。『存在と時間』の序盤の、気遣いについての現象学的な分析は、「死への先駆」という後半の論点のための伏線である。

2　お前はできたはずだ

「死への先駆」と「良心への意志」

『存在と時間』によれば、死への先駆――死を不可避の可能性として受け入れ、それがいつでも到来しうることとして覚悟すること――は、現存在が倫理的であるための条件である。死への先駆から生ずる不安は、良心の呼びかけであり、その呼びかけに応じて、現存在は「良心をもとうと決意する」ことになるからだ。と、唯野教授が要約しているように、ハイデガーはこのように論じていくわけだが、この辺りの論旨は、わかりにくい。ハイデガーの言わんとしていたことを、ここで思い切って単純化して説明してみよう。

現存在、つまり人間には、可能性が開かれている。多様な将来の可能性から、一瞬ごとに選択しながら、われわれは生きている。その可能性の中に、死が含まれる。ただし、死は、特異な可能性である。第一に、死は、現実になったりならなかったりするような可能性ではなく、あえて欲したり、選択したりしなくても、必ず訪れる可能性だからである。つまり、それは不可避の運命だからである。第二に、死は、他のすべての可能性を不可能にする可能性だからである。つまり、死によって、現存在の存在そのものが不可能になるからである。

　現存在は、開かれた可能性の中からいずれかを選んで行動していく。彼または彼女は、善くあろうとして、あるいは善くなろうとして選択するだろう。しかし、もし死がなければ、あるいは己の死ということを考慮する必要がなければ、その選択に倫理性は宿らない。どうしてか。永遠に、無限に生きるのであれば、うまくいかなかったとしても、いくらでもやり直せるからだ。あるいは、今それをやらなくても、いつかそれをやればよいからだ。

　しかし、いつでも死が訪れうるということであれば、事情はまったく異なってくる。このときはじめて、今それをなすべきか――したがってそれとは異なる選択肢を断念すべきか――が、切迫した倫理的選択になる。今それをしなければ、後でそれをやる機会はもう訪れないかもしれない。今それをすることで、捨てられた別の可能性は、もう取り返すことができないかもしれない。このとき、選択は、真に倫理的である。つまり、選択したことに対して、現存在は責めを負わなくてはならない。

　死への先駆ということが、良心をもつことへの意志、つまり倫理ということと不可分な関係にあるのは、このような論理があるからである。一方では、現存在（人間）には、可能性がいつまでも、無限に開かれている。しかし、他方では、死がいつか必ず訪れる。ということは、結局、人間は可能性を残して終わらざるをえない、ということである。死においても、人間は完成しない。未了である。死は、現存在が最終的に未了であることを告知するので、「最極限の未了」とも言われる。唯野教授が講義で語っている通りである。ついでに付け加えておけば、『存在と時間』という本自体が、具体化された「未了」、つまり――前節の冒頭でも述べたように——未完結のままに投げ出された作品である。
ここから、現存在の存在の時間的意味についての議論が導かれる。到来（将来）と既在（過去）と現成化（現在）との関係が説かれるのだ。時間性の三つの契機の中で、要の位置にあるのは、以上のように考えてきた場合には、当然、到来（将来）である。まず、将来に開かれた、選びうる可能性がある——ただしそれは（死によって）いつでも無になりうる——ということが基本的な前提だからだ。この前提のもとで、それまで自分がやってきたこと（既在）を引き受け、あえて肯定することが必要となり、また現在の選択が最終的に決定される。時間性の三つの契機は、このように、到来（将来）の優位のもとに統合されている。

〈出来事〉がすでに起きてしまったら

ここまでは、ハイデガーが述べたことであり、唯野教授が、ハイデガー自身よりずっとわかりやすく説明してくれている。ここで、われわれは、ハイデガーのこの議論をもう少し前に進めてみよう。ハイデガーの議論の中に孕《はら》まれているポテンシャルを、ハイデガー自身よりもさらに徹底して引き出してみよう。

そのために、次のように問うことから始めよう。ハイデガーは、死への先駆によって、人は良心的であろうとすることができる、と説く。つまり、死への切迫した覚悟こそが、人の倫理性の強度を極大化する、というのがハイデガーの考えである。しかし、それはほんとうだろうか。

たとえば、前節で引いた、ゲッセマネでのイエスの弟子たちの態度を思い起こしてみよう。ここで彼らが直面しているのは、自分自身の死ではない。しかし、彼らに差し迫っていることは、それぞれの弟子たちのちっぽけな死よりももっと大きな破局、もっと大規模な終わりである。つまり、神の子の死だ。終わりが迫っていることは、ほかならぬイエス・キリストが暗示している。弟子たちも、周囲の状況から、それを感じ取っていたはずだ。彼らは、破局的な終結が近いことを知っているのだ。それなのに……である。彼らの態度にはまだ、どこか呑気なところがある。彼らは、真に倫理的で本来的な行動を選択しえていない。このことが、つまり彼らの倫理的な覚悟の不足が――先にも述べたように――、すぐ後の、「キリストへの裏切り」というかたちで露呈することになる。キリストを裏切るのはユダだけではない。鶏が鳴く前に三回キリストを知らないと言ったペテロをはじめとするすべての弟子たちが、結局は、キリストを裏切っている。

ここでもう一度、死への先駆ということを、つまりハイデガーが念頭に置いている「死の覚悟」ということが、どういうことなのかを確認しよう。それは、死が必ず訪れる、死がいつでもやって来るということへの痛烈な自覚である。死は、いつ来てもおかしくない。死は、もう迫っているかもしれない。いや、次の瞬間に、死に襲われてもおかしくはない。

だが、それでも、なおひとつのことは確実である。そのような覚悟をもつとき、死はまだ来てはいない。死はいつ来てもおかしくないのだが、当然、今はまだ来てはいないのだ。「死への先駆」の「先駆」のドイツ語原語は〝Vorlaufen〟であり、字義通りの意味は、「前方へ vor 走る laufen」だ。死はあなたの前、未来にあり、あなたは仮想的にそこへと走ることで死の場所に行くことができる。

ハイデガーは、死が、終わりが、決定的な〈出来事〉が差し迫っていることを自覚せよ、と説く。ここに含意されている切迫性をさらに強化したらどうなるか。それは、死のような究極の終わりが、〈出来事〉が、すでに起きてしまった、という状況ではないか。

そして――ここが肝心要のところだが――、人が真に倫理的になるのは、つまり良心をもとうと真に決意するのは、このとき、終局的な〈出来事〉がすでに起きてしまったときなのである。……というと、これにはすぐに反論したくなるだろう。倫理的どころか、まったく逆に、「もう終わってしまったのだから、どちらでもよい」ということになるのではないか。いやそもそも、死んでしまった後に、良心などもちようがないではないか。……だが、そうではない。

まずは卑近な例から説明しよう。文筆を生業としている多くの人は、こんな経験をしているはずだ。締切が迫っているとき、早く準備をしなくては、早く書き始めなくては、急いで書き終えなくてはならない、と思う。そのように思うが、それでも、締切までに一日でも余裕があると、なかなか熱が入らない。執筆を始められなかったり、最も肝心な終結部を書くことができなかったりする。ほんとうに頑張ることができるのは、締切が来てしまったときである。いや、締切が過ぎてしまった後にこそ、著述家は、書くことへの真の責任に目覚め、実際に書くことになるのだ（現に、この文章が、まさにそのようにして書かれている）。

ゲツセマネで眠ってしまったイエスの弟子たちは、締切日前日なのに書き始められない作家のようなものである。終わりの日が迫っていることはわかっている。しかし、それでも、まだ来ていない以上は、どうしても余裕が、いや油断が出てしまう。締切が過ぎてから、もう間に合うはずがない締切に間に合わせようと――間に合ったことにしようと――、必死になって執筆している著述家は、激しく後悔する。どうして、もっと早くから準備をしなかったのか。なぜ、もっと前に筆を執らなかったのか。このとき、彼は、著述家としての倫理、著述家の良心をもとうと強く意志しているのだ。

もう少し重い例を出そう。原発事故のことを考えてみよう。あの悲惨な3・11の事故が起きる前から、日本人は、原子力発電所が危険な施設であることを知っていた。それが、いつでも、致命的な事故を引き起こしうる、ということについての知識をもっていた。だから、それなりに用心し、注意深く原発を造ったつもりでもあった。しかし、今振り返ってみれば、それはまだまだ甘く、油断があったと言わざるをえない。原発に関して、日本人がほんとうに倫理的になり良心に覚醒したのは——言い換えれば原発がもたらすどんな経済的利益よりも生命が重要だと自覚したのは——、事故の直後である。

ハイデガーが述べているように、人は、決して倫理的に完成することはなく、未了のうちに死ぬ。死んでしまえば、行動することも、意志をもつこともちろんできない。だが、もし死後も意識をもつことができれば、そのときにこそ、人は、自分の未了性を自覚し、反省したはずだ。私はまだまだだった、と。私はあのとき、Xの道をとったが、Yをとるべきだった。あのときはXを選ぶしかなかったんだ、と言って自分を慰めたくなるが、そう言い聞かせようとすればするほど逆に、いや私にもう少し勇気があれば、十分にYをとることもできたはずだという思いは強くなる。この悔恨の中にこそ、最も純粋な良心がある。

メシアはもう来てしまった

『存在と時間』は、まだ実現していない、将来の「終わり」へと差し向けた視線の中から、人間の倫理性を引き出そうとしている。そのような視線を前提にしたときには、過去（既在）を、つまり自分がそれまでやってきたことを、まずは丸ごと肯定しなくてはならない。それらを引き受けてこそ、将来への選択があるからだ。

それに対して、私は、ハイデガーの論理を逆手にとりつつ反論している。終わりの後、決定的な〈出来事〉の後に属する視点から過去へと振り返る視線こそ、最も深い倫理性を人間から引き出すことができるのだ、と。この視線は、すでに実現してしまった過去の蓄積を単純に肯定したりはしない。そうではなく、過去に実現しなかった——しかし実現しえたはずの——可能性を見出し、そちらを肯定する。

とはいえ、〈出来事〉が起きてしまった後で、過去を、どんなに誠実に、どんなに良心的に後悔したところで、そんなことは何の意味もないのではあるまいか。もはや、終わってしまっている以上、われわれは、正しくかつ実効性のある行動をとることはできないのだから。まさにその通りだ。

だが、ここで次のようなことを考えてみよう。もし「〈出来事〉の後から過去へ」という視線を、現在に差し向けることができたとしたらどうであろうか。つまり、「過去」のところを、「現在」に置き換えることができたとしたらどうであろうか。未来に起きるはずの〈出来事〉をすでに起きてしまったこととして体験し、そこから、現在を、過去を見る視線でもって遡及的に見つめることができたとしたら、どうであろうか。もしそのようなことができたとしたら、「XではなくYを選択できたはずだ」という痛烈な悔恨の情と同じものを、現在そのものに対して抱くはずだ。そのとき、私は、実際に、XではなくYを選択するだろう。

しかし、そんなことは可能なのか。「〈出来事〉の後から過去へ」の視線を現在へと向けるなどという、手品のようなことが可能なのか。それはとても難しい。難しいが、不可能ではない。われわれは、そのような実例をひとつ、少なくともひとつ知っている。

その実例こそ、キリスト教である。キリスト教の独創はどこにあるのか。メシア（キリスト）がもう到来してしまった、という点にこそ、それはある。本来、メシアは、将来やって来るはずのものとして待望されていた。ユダヤ教においては、実際、そうである。だが、キリスト教においては、メシアはすでに到来し、そして――十字架の上で死ぬことによって――われわれの罪を贖《あがな》ってしまっているのだ。こうして、人間は、決定的な〈出来事〉の後の立場に置かれることになる。そして、その立場から、人間は、自分たちの現在を見つめなければならなくなる。人間は、〈出来事〉の後に属する視点から――過去ではなく――現在を見ることになるのだ。

このとき、人間は、「われわれの罪は贖われてしまったし、もう一安心（secure）だ」ということになるだろうか。そうはならないのだ。すでに、終末の〈出来事〉は完了してしまっているのに、自分たちの現在は、そのときにあるべき状態とはほど遠い。すでに罪は贖われているはずなのに、それにふさわしい生き方や態度は形成されてはいない。となれば、一刻もはやく、いささかの猶予もなしに、われわれ人間は、それに応じた生き方をしなくてはならない。そうである。これは、先ほど述べた喩えの一般化である。締切が過ぎてしまってから、締切に間に合わせようと誠実に、熱心に執筆を開始する著述家が（たくさん）いる、と述べた。メシアがすでに到来してしまったとすれば、この種の著述家が執筆に関してやったのと同じことを、人生の全般に対してなすことが強いられる。[2]

今、私は、キリスト教が、メシアの到来ということに関して、きわめて特異で独創的だ、と論じた。だが、はっきりと述べておこう。キリスト教の正統的な信仰は、この異様な独創性を消してしまっている。普通は、次のように信じられている。キリスト（メシア）は死んだ後、三日目に復活し、昇天し、やがてしかるべきときに再臨し、われわれを再び救済する、と。だが、インパクトがあるのは、キリストが死んだ、というところまでである。その後、復活し、やがて再臨するという設定になっていれば、〈出来事〉の事後は、再び、さらに先送りされた〈出来事〉（キリスト再臨のとき）の事前へと繰り込まれることになる。こうなれば、キリスト教も、他のよくある宗教とあまり変わりがなくなる。著述家の締切の喩えをもう一回活用すれば、こうなる。締切の後にあわてて執筆しようとしている著述家を気の毒に思い、編集者が締切を、もう一ヶ月延期したとしたらどうなるか。この著述家は安心して、もう一ヶ月、怠けることになるだろう。

なぜあんなに売れたのか

ここで、いかにも解説らしいことを付け加えておこう。『存在と時間』という本は、一九二七年に出版されると、たちまち多くの読者を得た。つまり、この本はたいへんよく売れた。当時の、ヨーロッパの若い思想家や哲学者の卵のような人たちが、この本を熱狂的に迎え入れたのである。有名な哲学書の中には、出版された時点ではほとんど読まれることがなく、それからずいぶんな年月を経てから——ときには著者自身が死んでしまってから——評価され、読まれるようになる本があるが、『存在と時間』に関しては、そんなことはなかった。出版されるとすぐに評判になり、ハイデガーは、たちまち、ドイツ語圏で最も高名な哲学者になった。

しかし、これはふしぎなことである。『存在と時間』は、ドイツ語で読んでもたいへん難解な本である。日本語訳だから難しくなるわけではない。[3] Dasein をはじめとして、奇妙な用語が頻出する。どうして、こんな難解な本が、最初からよく売れたのだろうか。

その原因は、当時のヨーロッパが特別な時間の中にあった、ということにあるのではないか。要するに、ヨーロッパの人々は、終末の〈出来事〉の後を生きている……そのような気分だったのである。その〈出来事〉とは、何か。第一次世界大戦である。第一次世界大戦は、ヨーロッパにとって、そのような特別な意味をもった。

実際、この時期、今日では「戦間期」と呼ばれているこの時期、ヨーロッパでは（特にドイツ語圏で）まさに「世界の終わり」を暗示する重要な著作がいくつも発表され、広く読まれた。その代表例は、オスヴァルト・シュペングラーの『西洋の没落』（一九一八―二二年）であり、そしてカール・クラウスの戯曲『人類最期の日々』（一九二二年）であろう。そして、「死」を媒介にした本来性への回帰を悲劇的な調子で語る、マルティン・ハイデガーの『存在と時間』も、こうした著作群のひとつ、いやその白眉として読まれたのである。

その書物の中では、「死への先駆」ということが、説かれている。それを読む者は、すでに、死後の水準に、ひとつの文明の死後の境地に来てしまっている。だからこそ、当時の読者は、『存在と時間』に、鬼気迫るリアリティと、圧倒的な説得力を感じたのであろう。

3　神が神に見捨てられているとすれば……

死の先駆的了解？

『存在と時間』におけるハイデガーの議論は、人間の神秘的な能力を前提にして展開している。唯野教授も、講義の中で、そのことを指摘している。神秘的な能力とは、自分自身の死を先駆的に――つまり生きている間に――了解する能力である。これは、まことにふしぎな能力だ。

自分の死が確実に訪れると理解するということは、自分の周りで他者たちが日々死んでいくのを観察し、それらから類推して、自分もいずれ死ぬだろう、と確信するという趣旨ではない。外部から観察する他者の死と、自分自身の死とは、まったく別物である。前者についての認識から、後者についての了解を導き出すことはできない。

生きている間は、決して、自分の死を経験することはできない。死んでしまえば、もちろん、何も経験できない。とすれば、死を了解するとは、どういうことなのだろうか。不可解だ。しかし、確かに、われわれは、自分が死ぬことを知っている。ハイデガーによれば、不安という感情こそが、誰もが死を了解していることの証しである。

死を了解するということは、ハイデガーの議論の文脈では、自分の経験の宿命的な有限性を理解している、ということである。人間は有限である。何もかも経験できるわけではなく、いつまでも生き続けることもできない。だが、その生が客観的に見て有限だからと言って、死を理解できるというものでもない。動物だって、その生は有限だが、しかし、彼らは、自分の死を了解してはいない。動物は、死へと至りうるリスクを「本能的」に回避するが、それは、自分の経験の「必然的な有限性」の理解という意味での死の了解とは、まったく関係がない。

なぜ人間だけが、死を了解できるのか。それは、自分の経験の有限性を、「無限性の欠如」として捉えることができるからである。とすると、またしても疑問にぶつかる。自らの生を、「無限性の欠如」として把握するためには、「無限性」なるものが何であるかを直観的に知っていなくてはならない。だが、無限性にアクセスできないこと、それが何であるかを知ることができないからこそ、人間の生は有限なのではあるまいか。このように考えていくと、事態は実に錯綜していて、まことに不可解だ。

無限性とは何であろうか。無限性を備えた存在者とは。それは、神、一神教でいうところの絶対的な超越神であろう。そうであるとすれば、死の了解とは、人間が、現存在が、神から絶対的に隔てられていることの理解に等しいことになる。人間は神ではなく、神の域に到達することはできない。その自覚が、死の了解ということの中に含まれている。

神に見捨てられた者

このように考えを進めていくと、われわれはまたしても、キリスト教というものの特異性に気づくことになる。キリスト教は、一神教のひとつだが、きわめて特殊な性格を備えた一神教である。どうしてか。

ゲツセマネでの祈りのことをもう一度思い起こしてほしい。ここで、キリストは神に祈っている。できることなら、この苦境から自分を救ってほしい、と。だが、これは変な構図である。なぜなら、キリスト自身が神だからである。神が神に祈っているのだ。では、その祈りはかなえられたのか。知っての通り、かなえられはしなかった。キリストは捕らえられ、結局、十字架にはりつけにされて、惨めに殺されてしまう。キリストは、神から見捨てられてしまった、と言わざるをえない。

ということは、どう解釈すればよいのだろうか。われわれ人間と神の間には、絶対に乗り越えられない隔たりがある、と述べた。キリスト（＝神）が神に見捨てられているということは、その隔たり、有限性と無限性との間のギャップが、神自身に内在している、ということである。この隔たりによってこそ、神が定義されているのである。神とは、神と人間との間の絶対的な差異そのものである、と。[4]

良心の呼びかけはどこから

この認識を携えて、『存在と時間』に戻ると、われわれはまたしても、その議論を少しばかり変更することができることに気づく。どの部分に関して、か。良心の呼びかけについての論点である。ハイデガーによると、死を先駆的に了解すると、現存在は良心の呼びかけを聞く。それに応じて、現存在は良心をもとうと決意するのだ。

良心は、現存在に、「責めあり」と呼びかけてくる。良心は、現存在の何かの具体的な行為について、悪いとか、罪があるとかと言うのではない。現存在の存在そのものに対して、責めあり、とするのだ。この良心の呼びかけは、迫害的である。つまり、あまりに厳しく、意地悪である。

良心の声はどこから発せられているのか。この呼びかけの主体は誰なのか。もちろん、客観的に見れば、それは、現存在自身であるというほかない。それは、現存在の内側から発せられているのだ。しかし、現存在当人には、そのようには聞こえていないはずだ。それは、外からの呼びかけと感じられている。そうでなければ、「呼びかけ」にはならない。その「外」をあえて名付ければ、「神」ということになる。

実際に起きていることは、次のようなことである。現存在は、自らが神から隔てられていることを、つまり自分自身の有限性を自覚している。彼は、しかし、その有限性に負い目を感じている。その負い目が、良心の呼びかけとして、すなわち、その負い目を責める声という形態で、外化されているのである。良心の声は、現存在の有限性をまさに有限性として対象化する無限性の方から、つまり神の方から聞こえてくるように感じられる。神との距離は絶対に克服できないのに、その距離が問題で、それに責めがあるかのように良心の声は語る。だから、その良心の呼びかけは、あまりにも過酷で、サディスティックでさえある。その呼びかけを聞くたびに、現存在は、自分がその声の持ち主から疎外され、分け隔てられているのを感じるだろう。

だが、ここで先ほど述べた、キリストとしての神の概念を導入してみたらどうだろうか。現存在の苦しみの原因になっていること、つまり有限性と無限性との間の隔たりは、（キリストという）神に内在しており、神を定義する条件だった。そうだとすれば、現存在が、自分の有限性に負い目を感じ、それに苦しんでいるまさにそのとき、彼は、神と最も近いところにいることになる。その瞬間、彼は、十字架の上で神に見捨てられたキリストと同じことを経験していることになるからだ。現存在は、絶対に届かない高所からの迫害的な命令のようなものとして、良心の呼びかけを聞くわけではない。そうではなく、良心の呼びかけとは、神からの連帯への誘いである。

神が、サディストのように人間を苛《さいな》み、人間に不可能なことを要求して戯れているのだとすれば、われわれ人間は意気沮喪《そそう》する。だが、神が、われわれと一緒に同じことに苦しんでいるのだとすれば、勇気がわく。神との連帯は、その神を媒介にした、他の人間たちとの連帯でもあるからだ。ハイデガーは『存在と時間』で、死における絶対的な孤独、死の単独性を強調している。しかし、「死の了解」ということを媒介にして最後に見出すことができるのは、逆の、他者との連帯の可能性である。

死の十年ほど前になされた『シュピーゲル』誌によるインタヴューの中で、ハイデガーはこう言っている。「神のようなものだけがわれわれを救うことができる」と。だが、神はわれわれを救うことはできない。ただ、神はわれわれと同じことに苦しんでいる。この結論は、『存在と時間』に含まれていることを、あと一歩転回するだけで、導かれる。

『存在と時間』というテクストを、わざと逸脱へと導きながら、自由に読んでみた。唯野教授の語り口の力の証明になっているだろうか。

*

1　英語のsecurityが、ラテン語のcuraの否定であること、curaの欠如が、引用した「テサロニケ人への第一の手紙」等に見られるようにキリスト教の文脈では非常に悪いこととして捉えられていたこと、そして、このことがハイデガーの「気遣い」についての論にも反響していること、これらの論点の全体を、私は、市野川容孝氏のいくつかの論考や彼の口頭での研究発表から学んだ（市野川容孝「生－権力論批判」『現代思想』1993年11月号）。

2 ここで、私は、〈出来事〉という語を使ってきた。後年、ハイデガーは、時間の三つの契機（到来、既在、現成化）を統一する契機を、（やがて到来する「死」に代えて）“Ereignis”という概念で把握しようとしている。Ereignisには、「性起《しょうき》」という難しい日本語が充てられているが、その本来の意味はごく単純に「出来事」である。ここでの〈出来事〉という語は、後期のハイデガーの“Ereignis”を意識している。

3 本文の中で、筒井康隆さんは岩波文庫版に苦言を呈している。筒井さんが読んだ岩波文庫版と、現在の岩波文庫版では訳者が違う。現在の岩波文庫の熊野純彦訳は名訳である。岩波文庫の名誉のために、記しておく。

4 この神の神性を否定するような過激な神についての理解は、先の「メシアはもう来てしまった」という認識と同様に、普通の正統的なキリスト教の中では、完全に抹消されてしまう。キリストは、結局、復活したことになっており、その死の衝撃はキャンセルされてしまうからだ。

本書は、新潮カセット・講演　筒井康隆『誰にもわかるハイデガー』(一九九〇年一〇月刊／一九九〇年五月一四日池袋西武スタジオ200において収録）として発売された内容をもとに、著者による大幅な加筆修正を加えて書籍として再構成され、二〇一八年五月に小社より刊行された同名書を文庫化したものである。

文学部《ぶんがくぶ》唯野《ただの》教授《きょうじゅ》・最終講義《さいしゅうこうぎ》
誰《だれ》にもわかるハイデガー

二〇二二年 三 月二〇日 初版発行
二〇二三年 四 月二〇日 3刷発行

著 者 筒井《つつい》康隆《やすたか》

発行者 小野寺優
発行所 株式会社河出書房新社
〒一五一−〇〇五一
東京都渋谷区千駄ヶ谷二−三二−二
電話〇三−三四〇四−八六一一（編集）
〇三−三四〇四−一二〇一（営業）
https://www.kawade.co.jp/

ロゴ・表紙デザイン 粟津潔
本文フォーマット 佐々木暁
本文デザイン 鈴木成一デザイン室
本文組版 株式会社キャップス
印刷・製本 中央精版印刷株式会社

Printed in Japan ISBN978-4-309-41879-7

あるいは酒でいっぱいの海

筒井康隆　41831-5

奇想天外なアイデア、ドタバタ、黒い笑い、ロマンチック、そしてアッというオチ。数ページの中に物語の魅力がぎっしり！　初期筒井康隆による幻のショートショート集、復刊。解説：日下三蔵

「最強！」のニーチェ入門

飲茶　41777-6

誰よりも楽しく、わかりやすく哲学を伝えてくれる飲茶が鉄板「ニーチェ」に挑む意欲作。孤独、将来への不安、世間とのズレ……不条理な世界に疑問を感じるあなたに。心に響く哲学入門書！

14歳からの哲学入門

飲茶　41673-1

「なんで人殺しはいけないの？」。厨二全開の斜に構えた「極端で幼稚な発想」。だが、この十四歳の頃に迎える感性で偉大な哲学者たちの論を見直せば、難解な思想の本質が見えてくる！

史上最強の哲学入門

飲茶　41413-3

最高の真理を求めた男たちの熱き闘い！　ソクラテス・デカルト・ニーチェ・サルトル…さらなる高みを目指し、知を闘わせてきた32人の哲学者たちの論が激突。まさに「史上最強」の哲学入門書！

集中講義　これが哲学！　いまを生き抜く思考のレッスン

西研　41048-7

「どう生きたらよいのか」——先の見えない時代、いまこそ哲学にできることがある！　単に知識を得るだけでなく、一人ひとりが哲学するやり方とセンスを磨ける、日常を生き抜くための哲学入門講義。

哲学の練習問題

西研　41184-2

哲学するとはどういうことか——。生きることを根っこから考えるためのＱ＆Ａ。難しい言葉を使わない、けれども本格的な哲学へ読者をいざなう。深く考えるヒントとなる哲学イラストも多数。

道徳は復讐である　ニーチェのルサンチマンの哲学

永井均　40992-4

ニーチェが「道徳上の奴隷一揆」と呼んだルサンチマンとは何か？　それは道徳的に「復讐」を行う装置である。人気哲学者が、通俗的ニーチェ解釈を覆し、その真の価値を明らかにする！

思想をつむぐ人たち　鶴見俊輔コレクション1

鶴見俊輔　黒川創〔編〕　41174-3

みずみずしい文章でつづられてきた数々の伝記作品から、鶴見の哲学の系譜を軸に選びあげたコレクション。オーウェルから花田清輝、ミヤコ蝶々、そしてホワイトヘッドまで。解題＝黒川創、解説＝坪内祐三

身ぶりとしての抵抗　鶴見俊輔コレクション2

鶴見俊輔　黒川創〔編〕　41180-4

戦争、ハンセン病の人びととの交流、べ平連、朝鮮人・韓国人との共生……。鶴見の社会行動・市民運動への参加を貫く思想を読み解くエッセイをまとめた初めての文庫オリジナルコレクション。

郵便的不安たちβ　東浩紀アーカイブス1

東浩紀　41076-0

衝撃のデビュー「ソルジェニーツィン試論」、ポストモダン社会と来るべき世界を語る「郵便的不安たち」など、初期の主要な仕事を収録。思想、批評、サブカルを郵便的に横断する闘いは、ここから始まる！

サイバースペースはなぜそう呼ばれるか＋　東浩紀アーカイブス2

東浩紀　41069-2

これまでの情報社会論を大幅に書き換えたタイトル論文を中心に九十年代に東浩紀が切り開いた情報論の核となる論考と、斎藤環、村上隆、法月綸太郎との対談を収録。ポストモダン社会の思想的可能性がここに！

ゆるく考える

東浩紀　41811-7

若いころのぼくに言いたい、人生の選択肢は無限である、と。世の中を少しでもよい方向に変えるために、ゆるく、ラジカルにゆるく考えよう。「ゲンロン」を生み出した東浩紀のエッセイ集。

暴力の哲学

酒井隆史 41431-7

人はなぜ暴力を憎みながらもそれに魅せられるのか。歴史的な暴力論を検証しながら、この時代の暴力、希望と危機を根底から考える、いまこそ必要な名著、改訂して復活。

動きすぎてはいけない

千葉雅也 41562-8

全生活をインターネットが覆い、我々は窒息しかけている——接続過剰の世界に風穴を開ける「切断の哲学」。異例の哲学書ベストセラーを文庫化！　併録＊千葉＝ドゥルーズ思想読解の手引き

ツイッター哲学

千葉雅也 41778-3

ニーチェの言葉か、漫画のコマか？　日々の気づきからセクシュアリティ、社会問題までを捉えた、たった140字の「有限性の哲学」。新たなツイートを加え、著者自ら再編集した決定版。松岡正剛氏絶賛！

仝

佐々木中 41351-8

『アナレクタ・シリーズ』の四冊から筆者が単独で行った講演のみ再編集文庫化し、新たに二〇一四年秋に行われた講演「失敗せる革命よ知と熱狂を撒け」を付した、文字通りのヴェリー・ベスト。

定本　夜戦と永遠　上・下　フーコー・ラカン・ルジャンドル

佐々木中 41087-6 41088-3

『切りとれ、あの祈る手を』で思想・文学界を席巻した佐々木中の第一作にして主著。重厚な原点準拠に支えられ、強靭な論理が流麗な文体で舞う。恐れなき闘争の思想が、かくて蘇生を果たす。

ツァラトゥストラかく語りき

フリードリヒ・ニーチェ　佐々木中〔訳〕 46412-1

あかるく澄み切った日本語による正確無比な翻訳で、いま、ツァラトゥストラが蘇る。もっとも信頼に足る原典からの文庫完全新訳。読みやすく、しかもこれ以上なく哲学的に厳密な、ニーチェ。

喜ばしき知恵

フリードリヒ・ニーチェ　村井則夫〔訳〕　46379-7

ニーチェの最も美しく、最も重要な著書が冷徹にして流麗な日本語によってよみがえる。「神は死んだ」と宣言しつつ永遠回帰の思想をはじめてあきらかにしたニーチェ哲学の中核をなす大いなる肯定の書。

偶像の黄昏

F・ニーチェ　村井則夫〔訳〕　46494-7

ニーチェの最後の著作が流麗で明晰な新訳でよみがえる。近代の偶像を破壊しながら、その思考を決算したニーチェ哲学の究極的な到達であると同時に自身によるニーチェ入門でもある名著。

ニーチェと哲学

ジル・ドゥルーズ　江川隆男〔訳〕　46310-0

ニーチェ再評価の烽火となったドゥルーズ初期の代表作、画期的な新訳。ニーチェ哲学を体系的に再構築しつつ、「永遠回帰」を論じ、生成の「肯定の肯定」としてのニーチェ／ドゥルーズの核心をあきらかにする著。

アンチ・オイディプス 上・下　資本主義と分裂症

G・ドゥルーズ／F・ガタリ　宇野邦一〔訳〕　46280-6　46281-3

最初の訳から二十年目にして“新訳”で贈るドゥルーズ＝ガタリの歴史的名著。「器官なき身体」から、国家と資本主義をラディカルに批判しつつ、分裂分析へ向かう本書は、いまこそ読みなおされなければならない。

意味の論理学 上・下

ジル・ドゥルーズ　小泉義之〔訳〕　46285-1　46286-8

『差異と反復』から『アンチ・オイディプス』への飛躍を画する哲学者ドゥルーズの主著、渇望の新訳。アリスとアルトーを伴う驚くべき思考の冒険とともにドゥルーズの核心的主題があかされる。

差異と反復 上・下

ジル・ドゥルーズ　財津理〔訳〕　46296-7　46297-4

自ら「はじめて哲学することを試みた」著と語るドゥルーズの最も重要な主著、全人文書ファン待望の文庫化。一義性の哲学によってプラトン以来の哲学を根底から覆し、永遠回帰へと開かれた不滅の名著。

哲学史講義　I

G・W・F・ヘーゲル　長谷川宏〔訳〕　46601-9

最大の哲学者、ヘーゲルによる哲学史の決定的名著がついに文庫化。大河のように律動、変遷する哲学のドラマ、全四巻改訳決定版。『I』では哲学史、東洋、古代ギリシアの哲学を収録。

哲学史講義　II

G・W・F・ヘーゲル　長谷川宏〔訳〕　46602-6

自然とはなにか、人間とはなにか、いかに生きるべきか——二千数百年におよぶ西洋哲学を一望する不朽の名著、名訳決定版第二巻。ソフィスト、ソクラテス、プラトン、アリストテレスらを収録。

哲学史講義　III

G・W・F・ヘーゲル　長谷川宏〔訳〕　46603-3

揺籠期を過ぎた西洋哲学は、ストア派、新プラトン派を経て中世へと進む。エピクロス、フィロン、トマス・アクィナス……。哲学者たちの苦闘の軌跡をたどる感動的名著・名訳の第三巻。

哲学史講義　IV

G・W・F・ヘーゲル　長谷川宏〔訳〕　46604-0

デカルト、スピノザ、ライプニッツ、そしてカント……など。近代の哲学者たちはいかに世界と格闘したのか。批判やユーモアとともに哲学のドラマをダイナミックに描き出すヘーゲル版哲学史、ついに完結。

知の考古学

ミシェル・フーコー　慎改康之〔訳〕　46377-3

あらゆる領域に巨大な影響を与えたフーコーの最も重要な著作を気鋭が42年ぶりに新訳。伝統的な「思想史」と訣別し、歴史の連続性と人間学的思考から解き放たれた「考古学」を開示した記念碑的名著。

言説の領界

ミシェル・フーコー　慎改康之〔訳〕　46404-6

フーコーが一九七〇年におこなった講義録。『言語表現の秩序』を没後三十年を期して四十年ぶりに新訳。言説分析から権力分析への転換をつげてフーコーのみならず現代思想の歴史を変えた重要な書。

著訳者名の後の数字はISBNコードです。頭に「978-4-309」を付け、お近くの書店にてご注文下さい。